科学图书馆　发现与发明的里程碑

现代海洋科学
——探索纵深发展

Modern Marine Science

[美] 丽莎·扬特　著　郭红霞　译

上海科学技术文献出版社

图书在版编目（CIP）数据

现代海洋科学 /（美）丽莎·扬特著；郭红霞译 . —上海：
上海科学技术文献出版社，2011.1
（科学图书馆 . 发现与发明的里程碑）
ISBN 978-7-5439-4580-7

Ⅰ. ①现… Ⅱ. ①丽… ②郭… Ⅲ. ①海洋学—普及读物
Ⅳ. ① P7-49

中国版本图书馆 CIP 数据核字（2010）第 235425 号

Milestones in Discovery and Invention: Modern Marine Science

Copyright © 2006 by Lisa Yount
Copyright in the Chinese language translation (Simplified character rights only)©
2007 Shanghai Scientific & Technological Literature Publishing House
All Rights Reserved
版权所有，翻印必究

图字：09-2007-775

责任编辑：陶 然
美术编辑：徐 利

现 代 海 洋 科 学
——探索纵深发展

[美] 丽莎·扬特 著
郭红霞 译
*
上海科学技术文献出版社出版发行
（上海市长乐路 746 号 邮政编码 200040）
全国新华书店经销
江苏常熟市人民印刷厂印刷
*
开本 660×990 1/16 印张 11.5 字数 188 000
2011 年 1 月第 1 版 2011 年 1 月第 1 次印刷
ISBN978-7-5439-4580-7
定价：20.00 元
http://sstlp.com

内 容 简 介

《现代海洋科学》是一本既有趣又好看的书,书中讲述的 10 位科学家都是海洋科学研究的佼佼者,他们创造并使用多项技术建立了深海海洋科学。从他们的事迹中,不但能够看到对知识的渴求,而且他们的勇敢、智慧和创新的精神都让我们深受鼓舞,所以,希望能够让更多的人了解他们,也希望读到此书的人都能有所收获。

目 录

前言	1
鸣谢	1
简介	1
迈向学科化的初步	1
科技效益	3
世纪中的革命	3
意想不到的世界	5
外部和内部空间	5

1. 深海的挑战

——怀韦尔·汤姆生和"挑战者"号探险	1
争论	1
独特的提案	3
苛刻的计划	4
亲历者说：从兴奋到厌倦	6
充满冒险的航行	7
凯旋	9
其他科学家：约翰·摩瑞	9
学科的建立	10
生平年表	11
扩展阅读	12

2　现代海洋科学

2. 半英里之下
　　——威廉·贝比和深海潜水球 ················· 15
　　收藏家、旅行家、作家 ······················· 15
　　生态学和冒险 ······························· 17
　　对深海的渴望 ······························· 17
　　建造深海潜水球 ····························· 18
　　首次潜水 ··································· 19
　　亲历者说：水爆炸 ························· 21
　　一个奇异的世界 ····························· 22
　　分道扬镳 ··································· 24
　　激励后世 ··································· 25
　　相关链接：指导后辈 ······················· 26
　　生平年表 ··································· 26
　　扩展阅读 ··································· 28

3. 高度和深度
　　——奥古斯特·皮卡尔德、雅克·皮卡尔德和深海潜水器 ········ 30
　　天才双胞胎 ································· 31
　　高空研究 ··································· 32
　　第一个深海潜水器 ··························· 33
　　的里雅斯特 ································· 34
　　其他科学家：雅克·伊弗斯·库斯托 ············· 35
　　加入海军 ··································· 35
　　准备潜入最深处 ····························· 37
　　水下珠穆朗玛 ······························· 37
　　寻找失踪的潜艇 ····························· 39
　　湾流之下 ··································· 41
　　相关链接：塞翁失马 ······················· 42
　　具有冒险精神的三代人 ······················· 42

生平年表 ·· 43
　　扩展阅读 ·· 46

4. 永远无法愈合的伤痕
　　——布鲁斯·希森、玛丽·萨普和绘制海底地图 ········ 48
　　从化石到海底山脉 ·· 48
　　战争带来的职业 ··· 50
　　其他科学家：莫瑞斯·尤因 ······························ 51
　　新式地图 ··· 52
　　"不可能" ··· 53
　　环绕地球的伤痕 ··· 54
　　其他科学家：阿尔弗雷德·韦格纳 ······················ 56
　　艺术品 ·· 56
　　不仅是绘图员 ·· 58
　　生平年表 ··· 59
　　扩展阅读 ··· 61

5. 创造与破坏
　　——哈里·赫斯和板块构造理论 ························ 63
　　山脉 ··· 63
　　地壳传送带 ·· 64
　　地磁震荡 ··· 66
　　撼动地质学界 ·· 68
　　社会效应：地球运动塑造人类生活 ····················· 70
　　板块构造理论革命 ·· 71
　　相关链接：其他星球上的板块 ··························· 73
　　一个富有影响力的职业 ··································· 73
　　生平年表 ··· 74
　　扩展阅读 ··· 76

6. 深海中的河流

——亨利·斯托梅尔和洋流 ·············· 78

吵闹的童年 ·············· 78

湍急的流水 ·············· 79

分析表层洋流 ·············· 82

反向流 ·············· 83

大传送带 ·············· 84

全球研究和局部研究 ·············· 85

社会效应：全球变暖和大洋环流 ·············· 86

大范围调查 ·············· 87

生平年表 ·············· 88

扩展阅读 ·············· 89

7. 飞越海洋

——阿林·文和阿尔文号 ·············· 91

水下测深 ·············· 91

小海豹 ·············· 93

建造潜水器 ·············· 94

科学成果：轻型塑料 ·············· 95

阿尔文号启航 ·············· 95

搜寻炸弹 ·············· 97

沉没的潜艇 ·············· 98

法美中大洋海底研究工程 ·············· 99

海底驮马 ·············· 100

未来趋势：他们能到达多深 ·············· 101

生平年表 ·············· 103

扩展阅读 ·············· 105

8. 管虫与泰坦尼克号

　　——罗伯特·巴拉德及水下探险 ············ 107

　加利福尼亚梦想家 ························ 107

　潜艇提倡者 ····························· 109

　意料之外的绿洲 ·························· 109

　黑烟囱 ································ 111

　亲历者说：一个陌生的世界 ·················· 112

　从潜艇到机器人 ·························· 113

　争论焦点：出席还是"远程呈现" ············· 116

　寻找"泰坦尼克" ·························· 116

　水下考古学家 ···························· 118

　争论焦点：应该怎样处理"泰坦尼克"号 ········ 119

　探险家和教育家 ·························· 120

　生平年表 ······························· 121

　扩展阅读 ······························· 123

9. 水与火

　　——约翰·德莱尼和海底火山 ··············· 126

　与爆炸的不解之缘 ························ 126

　令人兴奋的火山爆发 ······················· 128

　古微生物 ······························· 129

　相关链接：冰冷月球上的温热海洋 ············ 130

　黑烟囱露出水面 ·························· 130

　东北太平洋时间序列水下网络试验 ············· 133

　激情和智慧的火花 ························ 135

　相关发明：亨利·斯托梅尔的水下网络 ········· 135

　生平年表 ······························· 136

　扩展阅读 ······························· 138

10. 凡多弗之光

——辛迪·凡多弗和水下光线 ······ 140
"不是上大学的料" ······ 140
一次改变人生的旅行 ······ 141
不那么瞎的虾 ······ 142
发光的热液口 ······ 143
阿尔文号驾驶员 ······ 144
驾驭光 ······ 145
争论焦点：海洋学旅行中的女性 ······ 146
多样性研究 ······ 148
科学成果：水下光学传感器（OPUS）和环境光成像和光谱系统
（ALISS） ······ 148
生平年表 ······ 150
扩展阅读 ······ 152

学科发展年表 ······ 154
译者感言 ······ 159

前　言

现代科学与发明的关键性进展建立在一些看似简单却具真知灼见的想法之上，那就是——科学技术与人们的生活息息相关。事实上，它们也正是我们探寻这个世界的秘密、重新塑造这个世界的一部分，也在某种程度上改变了人类的生活。

在一百多万年前，现代人类的祖先开始将石块制成工具，这样他们便可与周围的食肉动物竞争。大约从3.5万年之前开始，人类开始在岩洞的石壁上绘制精美的壁画与其他手工艺品，这些都表明技术已与人们头脑中的想象、与人们所操的语言交融在一起，一种崭新的躁动难安的艺术世界的帷幕渐次拉开。人类不仅仅在塑造着他们所处的世界，还用艺术的方式去表现它，用自己的头脑去思考，思考世界的本真及其含义。

技术是文化的基本组成部分。许多地方的神话传说中都有一个叛逆者的形象，他轻而易举地摧毁了既定的顺序，而代之以令人耳目一新的、饱含颠覆性的可能。在许多神话里，都可提炼出这样一个例子：一个叛逆者，例如一只来自美国的山狗或是乌鸦，从上帝那儿偷来了火种，并将它交到人类手上。所有的技术工具，无论是火、电还是锁在原子与基因中的能量，都如同一把双刃剑，仿佛从那个叛逆者手中接过来似的，它们发出的能量既可以治愈人类的创伤，又可以给人类致命的一击。

一个技术的发明者常常会从科学发现中寻找灵感。就像我们所知道的一样，当今的科学远比技术要年轻，回溯历史，便可发现它起源于大约500年前的文艺复兴时期。在那个时期，艺术家与思想家们开始系统地探寻自然的秘密；而第一个现代科学家，例如列奥纳多·达·芬奇（Leonardo da Vinci，1452—1519）与伽利略·伽利莱（Galileo Galilei，1564—1642），在一些器具的帮助下，通过做实验，拓展了人们对于物体在空间中的位置的认识。紧接着，一场革命性的解放运动轰轰烈烈地展开了,最具代表性的则是以下几位天才:在机械制作与数学方面有着卓越贡献的艾萨克·牛顿(Isaac Newton,1643—1727),发现生物进化规律的查尔斯·达尔文(Charles Darwin,1809—1882),在相对论与量子物理方面有着开创性贡献的阿尔伯特·爱因斯坦(Albert Einstein,1879—1955)以及现代基因学的鼻祖詹姆斯·D.沃森(James D. Watson,1928—)和弗朗西斯·克里克(Francis Crick,1916—2004)。当今科技领域新出现的基因工程、微缩工艺以及人工智能等各领域都有着能够独当一面的主导者。

像牛顿、达尔文以及爱因斯坦这些鼎鼎大名的名字都能够紧密地与那些科技革命联系在一起,这些革命代表了现代科技中作为个体的人的重要性。这一系列的每本书都遴选了10余位在科学技术方面作出杰出贡献的先锋者,并将目光集中在他们的人生与成就上。每一本书都开辟了一个新的领域:海洋科学、现代遗传学、现代天文学、法医学与数学模型。尽管最早的开拓者起到了重大的作用,但这套书所论述的重点则是20世纪以来甚至是当今的研究者们。

每一卷的传记都按照一定的顺序排列,这种顺序反映了作为个体的研究者们重大成就的变化过程,但是他们的人生经历常常是枝蔓缠绕,不那么容易一下子看清的。每个人的具体成就都离不开他们当时所处的环境,也离不开他们工作中的协作者以及给他们的研究提供帮助的外界力量。牛顿有一句名言:"倘若说我能(比其他人)看得更远,那是因为我站在巨人的肩膀上。"每一位科学家或发明家的成就都不是无源之水,而他们甚至要经过一个跟前人暗暗较劲的过程才能超越他们。作为个体的科学家与发明家也与他们的实验室的其他同事乃至别的地方的人发生着种种联系,有时还得益于广泛的集体的努力,例如20世纪末启动的政府赞助与私人赞助,它们为人类基因组的研究提供了一些细微的帮助。科学家与发明家们不但影响着经济、政治与社会力量,反过来也受着它们的影响。在本书所属的这个系列中,科学和技术活动与社会制度的发展之间的关系也是一个重要的议题。

在传记之外,本书还备有扩展阅读,提供了另外一些特定的研究对象。每一章后面都附了一份年谱以及扩展阅读的建议。除此之外,在每本书的末尾还附有学科发展年表。在书中还插入了以下一些工具条,以便给我们提供一种更好的视角,从而更快地进入到那个由科学家与发明家共同构建的世界中去:

相关链接：描写一些具有个性特征的工作与科技发展的联系

亲历者说：为发现与发明提供第一手资料

争论焦点：对由发现与发明所引起的科学或伦理问题的探讨

其他科学家：描述的是一些在这项工作中起到重要作用的人

相关发明：展示了一些与之类似的或相关的发明

社会效应：提供了有关发明创造对我们所在的社会或个人生活的影响的相关讯息

科学成果：解释了一名科学家或发明者如何应付一项具体的技术上的难题或者说挑战

未来趋势：描述了随着时间的变化，这些技术所发生的进展，相关的一些数据也在此处被公布

在这套书中，我们讲述的是人类不断寻求真理、勇于探索、不懈创新的故事，我们也希望亲爱的读者能够被这些故事所吸引、鼓舞，得到一种潜在的力量。我们希望能够给读者铸造一座桥梁，一起走进科学与发现、发明的世界，并且能够尽情游弋于这个广阔的世界中，在其中找到内心更深刻的共鸣。

鸣　　谢

在此,我要感谢本书中的各位科学家,感谢他们审定相关章节并回答疑问,感谢多位科学家助理,他们耐心地提供各种信息,并传送(而且有时需要重复传送)许多图片、许可表和其他条目。还要感谢我的编辑弗兰克·K.达姆施塔特,感谢他的帮助和好脾气;感谢文字编辑艾米·L.康威;感谢我的小猫,感谢它们发出的呼噜呼噜声,感谢它们没有把电脑从我的腿上撞下去(虽然它们试图这样做);最重要的是,感谢我的丈夫哈里·亨德森,感谢他对我不懈的支持和无尽的爱,感谢他为了使生活美好所付出的一切。

简　介

"海洋的最深部分对我们而言是未知的。在这些人迹罕至的深渊中发生了什么？在这些水域表层之下都有哪些生物生存着？这些生物的构成如何？对此,我们简直难以想象。"

——阿罗纳克斯(Aronnax)教授,此人为儒勒·凡尔纳出版于
1871 年的小说《海底 20 000 里》中的人物形象

深海,即水下大约 1000 英尺(305 米)以下、阳光无法穿透的海洋部分,几乎覆盖了地球表面的 70%,并且占据了地球上可适宜生物生存空间的 97% 还要多。地壳于此而生并最终在这里消亡。深海中的山脉群比安第斯山都要长,最大的深海峡谷非常高,其水下深度超过了珠穆朗玛峰。这里是许多奇异生物的家园,它们的外观和身体的化学成分似乎是属于另一个不同的星球,而且这里也可能是地球上生命起源之所。但是,人类对这个神秘区域的了解远远少于对遥远的月球的了解。

人类深海知识的缺乏并不难理解。除了无尽的黑暗和寒冷(深海中大部分地区的温度都只有零上几度),水深使一切事物都处于巨大的压力之下。海洋最深处的压力是地球大气压的 1200 倍,即每平方英寸 1.8 万磅(12.411 万千帕)。就在 20 世纪,人类发明了探索这个危险世界的技术,开发范围延伸到水下几百英尺。作为《发现与发明的里程碑》系列丛书的其中一卷,《现代海洋科学》为我们讲述了 10 位先锋者的故事,他们创造并使用多项技术建立了深海海洋科学。

迈向学科化的初步

科学界对深海的兴趣——事实上通常指对海洋的兴趣——在 19 世纪中期才开始。在此之前,有一些生物学家对海洋进行了研究,他

2　现代海洋科学

们认为在 1800 英尺(540 米)以下的海洋中没有生物可以存活。地理学家对大陆成型的过程进行了初步研究,但他们却将海底视作一块不变的荒原。

出于现实和哲学两方面的原因,人们对深海的好奇心从 19 世纪 60 年代开始逐步增长。从现实方面来讲,企业家和政府官员正试图横穿大西洋海底在北美和英格兰之间架设通信电缆,因此他们需要知道电缆在海底会遭遇到何种情况。从更抽象的方面来讲,科学家和受过教育的大众希望,对深海生物学的了解能够解决查理·达尔文在《物种起源》中提出的一些问题。此书最早出版于 1859 年,在书中达尔文提出了饱受争议的自然选择进化论,一般认为,与大陆和浅海相比,深海一成不变的环境使进化的速度缓慢很多。因此,人们希望科学家能够在深海中发现一些浅海中早已灭绝的物种,并希望这些"活化石"能够显示进化是否发生、如何发生。

不断积聚的兴趣最终导致了世界上第一次大范围的海洋科学探险,在 1872—1876 年间,6 位科学家乘坐英国的一艘小型海军战舰"HMS 挑战者"号进行了环球航行。以苏格兰生物学家查尔斯·怀韦尔·汤姆生(Charles Wyville Thomson)为首的"挑战者"号科学家,在全世界几百个地点对海洋的深度、温度和其他特征进行了系统的测量,实质上海洋学由此而建立。研究者打捞了难以计数的动物,对它们的研究并未能结束关于进化论的争议,但这些生物的存在毫无疑问地证伪了一个观点,即认为深海是"不毛之地"、无法孕育生命。

参与"挑战者"号探险的科学家,以及在 19 世纪末 20 世纪初进行类似航行的其他科学家,都只能从海面上获取全部的样本。他们从深海中打捞上来的动物要么伤痕累累、奄奄一息,要么已经死亡。想在原生态中看到鲜活的、健康的海洋动物似乎超出了人类的能力范围,这种情况直到 20 世纪 30 年代早期才得到改变,此时,世界上最早的生态学家之一——威廉·贝比(William Beebe),用他称之为潜水球的窄小铁球下沉到了 3028 英尺(923 米)/大概半英里以下的海里。在潜水球的发明者——奥蒂斯·巴顿(Otis Baton)的陪伴下,贝比观测到了能从自己身体内部发光的奇异的水下生物。贝比和巴顿的水下探险被广为传颂,他们达到的深度是之前人类所没有过的,这些壮举再次唤醒了科学界和公众对于深海的浓厚兴趣。

科技效益

　　现代深海海洋科学开始于20世纪中期,它的建立在很大程度上应归功于美国海军。海军之所以对深海产生兴趣,是因为在第二次世界大战期间,它需要与海洋学家合作以便确定敌军潜艇的位置。同时,在20世纪50年代—60年代期间,这种兴趣不断增长,因为此时的美国和苏联正在相互竞争,即所谓的冷战,这种竞争从陆地和太空逐渐扩大到了海洋领域。出于侦查苏联海军并监测水下通信的军事目的,许多船只和设备应运而生,它们成为深海海洋学研究的支柱。美国海军研究办公室(ONR)和一些科研机构关系密切,如马萨诸塞州的伍兹霍尔海洋学中心(WHOI)和位于纽约的哥伦比亚大学拉蒙特(Lamont)地质学观测站,它们一起合作开发新技术,并进一步研究以获得关于深海的更多知识。

　　作为扩大海军深海区域计划的一部分,美国海军研究办公室购买了由奥古斯特·皮卡尔德(Auguste Piccard)和雅克·皮卡尔德(Jacques Piccard)制造的深海潜水器"的里雅斯特"号(Trieste),这是一个丑陋的、和贝比潜水球类似的球体,连接着一个巨大的像飞艇一样的、用来装载汽油的浮舟。为了提高声望,1960年美国海军将"的里雅斯特"号放到了海中的最低点。另外,美国海军研究办公室还赞助发明了小型的潜水器,与潜艇相比,这种潜水器能够潜得更深,而且比深海潜水器更容易操作。作为其中最有名的潜艇,"阿尔文"号(Alvin)从1964年6月开始投入使用。

　　"阿尔文"号是以阿林·文(Allyn Vine)的名字而命名,以表彰他对潜艇发展所作的贡献。"阿尔文"号是由伍兹霍尔海洋学中心制造的,到现在已经有40多年的历史了,在本世纪后期深海海洋学的进步中,几乎处处可以看到它的参与。这个时期还出现了能够负载照相机和其他设备的自动装置,科学家坐在海上的船只中就可以对它进行远程控制。

世纪中的革命

　　在这项新技术不断进步的同时,海洋科学认识方面的革命正在悄然发生。以伍兹霍尔海洋学中心的科学家亨利·斯托梅尔(Henry Stommel)为例,在20世纪五六十年代里,他制作了新的洋流运动模型。他揭示了风力、摩擦力和地球运动在地表洋流形成过程中的作用。他还首次证明了深海洋流的存在,并且论证了海面和深海海水的循环是由于温度和盐度(溶解的盐和矿物质)的差异而形成的。

20世纪50年代初期,海底地图的绘制达到了史无前例的详细,在这个过程中,拉蒙特地质学观测站(后来的拉蒙特-多尔蒂[Lamont-Doherty]地球观测站,它也是地球学会的成员)的玛丽·萨普(Marie Tharp)、布鲁斯·希森(Bruce Heezen)和莫里斯·尤因(Maurice Ewing)的发现显得尤为重要。大西洋中脊是最早由"挑战者"号探险所确定的海底山脉,玛丽等人发现,在世界海盆中延伸着一条相对延续的山脉链,就像棒球上的接缝一样,而大西洋中脊只是其中的一部分。大洋中脊在纵向上依次被一系列地堑所割裂开,就像陆地上我们所知的"东非大裂谷"。山脉——裂谷体系的图式与有些大陆的轮廓相配,这个发现使地质学家开始重新考虑那个几乎不被人所接受的理论,即1912年由德国气象学家阿尔弗雷德·韦格纳(Alfred Wegener)所提出的大陆漂移学说。韦格纳曾声明,各大陆曾经属于一个完整的板块,但是之后相互分离,并且现在仍然通过地壳在缓慢地移动。

1960年,海洋中心裂谷的存在和其他证据使普林斯顿大学的地质学家亨利·赫斯(Herry Hess)和受聘于美国海军研究办公室的地质学家罗伯特·迪茨(Robert Dietz)深受启发,他们发现,当熔岩(岩浆)沸腾、从地幔穿过裂谷的缝隙到达地表的时候,就会形成新的地壳物质,这些物质将海床向两边推离,从而形成海脊的两边。两位科学家预言,当地壳在海底深邃的缝隙中,即海沟中,被推回到地幔时,这些地壳就会被破坏(更准确地说,是被回收)。20世纪60年代,各种不同的研究都为海底扩张理论提供了证据。

通过对海底扩张理论的改进,一小群科学家提出了一个新的理论,即所谓的板块构造理论,事实上,这是从韦格纳大陆漂移理论衍生而来的。板块构造理论声称,地壳被分割为不同的坚硬的板块,这些板块在熔化的地幔上缓慢地移动。和韦格纳所预言的一样,各大陆的移动不具有自主性,而是依附于板块之上。地震和火山喷发就发生在板块相互碰撞和摩擦的地方。起初,许多地球科学家并不愿意接受板块构造理论,但是,到20世纪60年代中期时,压倒性的证据让他们不得不改变了态度。在《深渊的剧变》(Upheaval from the Abyss)一书中,大卫·M. 劳伦斯(David M. Lawrence)对板块构造理论革命有如下论述:板块构造理论的接受使"地球科学被迫发生了根本性的变革","这可以与哥白尼、牛顿、达尔文和爱迪生所引发的理性剧变相提并论"。

意想不到的世界

在 20 世纪 70 年代期间,海洋科学家利用"阿尔文"号等航行工具来收集海底扩张和构造运动的直接证据,同时也做出了许多令人惊奇的发现,这些发现没有任何理论可以预测。例如,1977 年罗伯特·巴拉德(Robert Ballard)和一些人潜入了厄瓜多尔附近的一个裂谷,与此前所有的观测不同,在生物群密布的海底,他们发现了很多的热水(热液)出口。在 1979 年的又一次探险中,研究者发现所有的这些生物都直接或间接依赖于某种细菌,这种细菌能够将热液中含有硫磺的化合物转化为食物,这是首次发现的不依赖太阳能的生物形式。1979 年的另一次探险发现了另一种热液出口,即"黑色烟囱",这是因为硫元素将流出的过热的水染成了黑色。

科学家一直使用载人潜艇和机器人装置,常常二者兼用,以便从各个方面对深海进行勘测。利用这两种技术,罗伯特·巴拉德对海底失事船只的残骸进行发掘和勘测,其中就包括著名的豪华邮轮"泰坦尼克"号,1985 年,巴拉德成功找到了"泰坦尼克"号的残骸。华盛顿大学的海洋地质学家约翰·德莱尼(Jone Delaney)曾利用这种技术研究海底火山和黑烟囱。辛迪·凡多弗(Cindy Van Dover)是第一个驾驶"阿尔文"号的科学家和女性科学家,她曾利用这些技术证明海底出口可以释放光线,而出口附近的一些细菌生物能够利用这些光线进行光合作用,在此之前,光合作用一直被认为是需要阳光才能进行的生物化学过程。

外部和内部空间

20 世纪 50 年代到 60 年代间,深海海洋科学发生了巨大的进步,与此相伴随的是,人类向外部空间迈出了最初的步伐,对此,已经有很多作者勾勒出了二者的相似性。有人说,探索深海更加困难。在 1987 年 1 月的《探索》杂志上,罗伯特·巴拉德在一篇文章中写道:"与月球相比,海底环境在很多方面都更加恶劣和危险。"

海洋研究尽管使群情高涨,但它所获得的公众和政府关注度远远不及太空探索。大卫·弗纳利(David Fonari)是伍兹霍尔海洋学中心的海洋地质学家，在2001年12月的《发现》杂志上他发表了一篇文章，文中说："海洋学进入大众视野之所以如此困难，原因之一是，人可以看到数百万英里之外的太空，因此对人来说，太空是可触知的、真实的；但是，人看着海面却无法潜入很深的海底……因此对一些人来说，要理解海洋之下的地球表面的美妙之处是非常困难的。"

　　分析家认为，这种兴趣的缺乏是令人遗憾的，这种遗憾不光是对海洋科学家而言。他们说，与外太空相比，海洋更有可能拥有对人至关重要的信息和资源（至少是在不远的将来）。现在，海洋已经在世界食物供给方面发挥了重要作用，并且深海中有可能存在着非常宝贵的矿物资源、能源以及可以挽救生命的药物。

　　事实上，人类的生存有赖于对海洋的认识。对海洋之下地壳形成和消亡过程的了解，可以帮助我们更好地预测和应对地震以及其他自然灾害的发生，例如2004年12月，印度尼西亚海啸（潮汐波）大约造成了28.8万人的死亡或失踪。如何在不造成破坏的前提下高效利用海洋食物资源，找出问题的答案就可以减少饥荒的发生。或许其中最重要的是，了解海洋与大气相互作用的方式，就可以防止全球变暖的最坏后果。否则，如果不明白海洋及其生态系统与陆地和大气相互作用的方式，就会导致气候变化失控、生态圈崩溃乃至造成整个星球的灾难。

1 深海的挑战

——怀韦尔·汤姆生和"挑战者"号探险

1871年,法国作家儒勒·凡尔纳出版了《海底20 000里》(20,000 Leagues under the Sea)一书,此书描绘了一个人类从未见过的世界——深海,因此它一出现就必然成为畅销书。凡尔纳将深海描述成一个充满了怪物的世界,包括了足以杀死潜水者的巨大的乌贼和章鱼。

凡尔纳的小说是纯虚构的作品。然而,就在这部作品出现一年以后,6位科学家和大约260名船员登上了一艘称之为HMS"挑战者"号的小型英国海军用船,开始了一次远洋探险,而这次航行的成果使这位法国作家的想象力也显得黯然失色。在装备了当时可以提供的最好的设备之后,这个团队扬帆启程,开始探知世界海洋底部的真实模样。他们的发现将会彻底改变人们对深海的认识,并由此建立了一门新的学科——海洋学。

争论

"挑战者"号探险的成行应归功于查尔斯·怀韦尔·汤姆生(Charles Wyville Thomson),他是一个意志坚定的苏格兰人,1830年3月5日出生于林利斯哥(Linlithgow)附近。汤姆生的父亲是一个内科医生,因此他的家人也希望他能成为一个医生。1846年,汤姆生作为医学系学生进入爱丁堡大学,但之后的事实证明,他的身体状况难以适应紧张的医学训练。而另一方面,自然界深深吸引着他,于是他花了几年的时间学习动物学、植物学(关于植物的研究)和地质学的课程。

2　现代海洋科学

从 1850—1870 年,汤姆生在爱尔兰的很多大学教授动物学和植物学。在此期间,他与珍妮·拉梅奇·达沃森(Jane Ramage Dawson)结婚,并且着迷于海洋生物学研究,尤其是深海中可能存在的生物。在当时,他的兴趣显得与众不同,因为那个时代的大多数科学家认为,在深海那么恶劣的生存条件下,没有生物可以存活,即深海中没有生物存在。

另一位英国科学家爱德华·福布斯(Edward Forbes)也持同样的观点。1842 年,福布斯进行了一次爱琴海探险(爱琴海是位于希腊和土耳其之间的地中海的一个海湾)。他发现,打捞得越深,打捞上来的样本中动物的数量就越少。以此为据,福布斯断言,300 英寻(1800 英尺,540 米)以下的海洋是一个"不毛之地"——没有生命存在的地方。

苏格兰海洋学家查尔斯·怀韦尔·汤姆生,在 1872—1876 年间带领 6 位科学家,乘坐"HMS 挑战者"号,进行了世界范围内的第一次系统的海洋探险。(美国国立医学图书馆,图片 B10959)

大多数科学家认为福布斯的断言是合乎逻辑的,因为 50 英寻(300 英尺,90 米)以下的海洋中没有阳光照射,而众所周知,所有生物体都直接或间接地依赖阳光,同时,在 300 英寻的水下,压力可以达到每平方英寸 600 磅(561 b/cm²)。然而,汤姆生曾见过挪威研究者从至少 300 英寻以下的深海中打捞上来的动物残骸,因此他确信福布斯的观点是错误的。此后,在汤姆生早期的研究报告——《海洋的深度》(The Depths of the Sea)一书中,与福布斯不同,他将深海视作"自然主义者的希望之地,是唯一的保留区,且拥有能够让人跃跃欲试的非凡趣味和无尽的新鲜事物"。

威廉·卡彭特(William Carpenter)是伦敦大学的生物学家,也是英国最显赫的科研机构——皇家协会的副主席。在他的帮助下,汤姆生成功说服英国海军部(即掌管英国海军的政府部门)赞助进行两次短期研究航行,航行由他亲自率领,以此检验福布斯的理论。在 1868—1869 年的几次航行中,汤姆生创纪录地从 2435 英寻(1.461万英尺,4427米)深的海洋中打捞上来活的生物体。在《海洋的深度》(1873年)中,他具体描述了这两次探险。两次航行的成功使皇家协会在1869年接受汤姆生成为会员,这是一种很高的荣誉。一年以后,他成为母校——爱丁堡大学博物学方面的首席教授。

独特的提案

尽管非常兴奋,但汤姆生的探险只在一个海洋的很小区域内进行了很少的测试。汤姆生明白,想了解海底还需要更多的信息。因此,在卡彭特的支持下,1871年汤姆生再次向海军部提交了航行申请,与以往的所有航行不同:这次航行要获取海底的物理学、化学和地质学信息,要知道那里可能存在的生物的生物学状况,而且研究范围不是一两个地点,而是全世界。

根据汤姆生的设想,这次航行会历时几年,需要大量的设备和资金。不过,财政部还是在1872年4月同意资助这次探险,海军部还允诺提供一艘船只。这次探险之所以能够在如此短的时间内获得批准,汤姆生之前的成功和皇家协会的威望无疑是重要原因。政府支持这次探险的原因也可能是,当时的政治领袖和普通民众对科学抱有很大的兴趣。1859年,查理·达尔文出版了《物种起源》一书,此书引发的关于进化论的争论仍在继续,因此许多人希望通过对深海生命的研究来揭开进化论的真面目,即进化是否发生,又如何发生。

"挑战者"号探险的相关著作——《沉寂的风景》(The Silent Landscape)的作者理查德·考费尔德(Richard Corfield)认为,政府官员之所以会接受汤姆生的计划,是因为他们认为"一次海军的科学探险可以扩大英国的影响力。一个世纪以后,美国如法炮制进行了太空计划"。海军部会同意这个苏格兰科学家的计划还有现实方面的原因。从19世纪50年代开始,许多公司试图在大西洋海底铺设电缆,以建立连接英国和北美的电话通信。除了有限的成功外,这些努力都遇到了很多的挫折。海军部官员认识到,如果要铺设海底电缆并使之顺利运行,工程师就必须知道不同地点的海洋深度、各地海水的温度变化(因为温度对电缆及其覆盖物都有影响)以及在深海中有什么样的生物会攻击电缆。海军部期待汤姆生的探险可以揭开这些疑问。

海军部送给汤姆生的船只,HMS"挑战者"号,是一种叫"轻巡洋舰"

HMS"挑战者"号,一艘小型英国战舰,有一部蒸汽引擎作为紧急备用动力,主要还是靠风帆提供动力。(美国国家海洋大气管理局/商业部,船3117)

的小型战舰。"挑战者"号长约 225 英尺(69 米),重达 2300 吨(2006 公吨),并装备有一个 1200 马力的蒸汽发动机以备不时之需,但它主要靠风力推进,它的 3 个桅杆上每个都挂有 4 个正方形的风帆。

"挑战者"号进行了彻底的改建,以适应作为研究型用船的新任务。为了给科学家、实验室、设备以及将来收集的标本腾出空间,17 门大炮只留下了 2 门,其余皆被移走。船内的房间被改造成了动物学和化学实验室,船上的平台用来放置拖网,而其他重型仪器则被安装在甲板上。船上有各种奇形怪状的设备,包括显微镜、化学测试设备、数千个用来保存经过防腐处理的海洋动物和水样本的玻璃瓶以及数百英里长的绳索,这些绳索用来测量水深并将设备放入海底。

苛刻的计划

1872 年 12 月 21 日,"挑战者"号从英国朴次茅斯港出发,船上载有 240 个海军士兵以及 23 个官员。乔治·斯特朗·内厄斯(George Strong Nares)担任"挑战者"号的船长,他曾是海洋和陆地的测量员,因此经验非常丰富。怀韦尔·汤姆生带领着6位科学家,船员们打趣地说,是6位"哲学家"。除汤姆生外,这个国际团队还有另外3位生物学家,后来把他们称作博物学家:出生于加拿大的约翰·摩瑞(John Murray)、英国科学家亨利·诺特德·摩斯里(Henry Nottidge Moseley)和德国青年鲁道夫·范(Rudolf Van Willimoes-suhm)。其他队员还有苏格兰化学家和物理学家约翰·杨·布坎南(John Young Buchanan)和瑞士科学艺术家让·雅克·威尔德(Jean Jacques Wild),他也是汤姆生的秘书。

1873年2月15日,在西北非附近的加那利(Canary)群岛南大约40英里(64千米)处,探险工作正式开始。这个地点是之后362个"站点"的第一个,这些"站点"把从大西洋、太平洋到南冰洋(即现在的南极洲)的航行路线几乎等分,相互之间的距离大概有两天的航程(200英里,160千米)。在这里以及在其他站点,船员们最多用一天的时间进行各种测试。

第一项工作是探通术,即测定水深。船员将绳索一端系上重物,然后放入水中,由此测量绳索到达海底需要的长度。绳索上每隔25英寻(大约150英尺,45米)有一个旗子。船员记录旗子没入水中的速度,当速度突然改变,就说明绳索已经达到海底了。这个测深系统还需要一个中空的管子,当到达海底的时候,整个设备的重量就会把它推入海底中。当绳索被向上提起时,管子上的阀门就会关闭,这时管子中就保存了海底的泥土。

绳索上还系有一套称之为可逆式温度计的新装置,它可以精确测量不同深度的水温。此外,船员还要收集不同深度的水样本,以便化学家约翰·布坎南来进行化学分析。他测定水样本的盐度以及所包含的矿物质和其他化学成分。

船员在所有站点都要测定海洋表面洋流的方向,他们把船抛锚固定,将一根系着绳子的原木扔入水中,然后在船上观察原木移动的方向。测量一定时间内原木拉伸绳子的长度,用时间平分,就可以测出洋流的速度。在有些站点,他们也会在浮舟下悬挂重物,以此来确定更深处的洋流的速度和方向。

对生物学家来说,更重要的是打捞,即用一个桶状袋子来收集海底的泥土和生物标本。挖掘机由铁网制成,底部是坚固的编织物,这种设备非常笨重,当它装满东西时,船员们必须使用小型蒸汽引擎带动的绞盘才能将它打捞上来。当挖掘机回到甲板,科学家先把里面的一些大的动物挑选出来,然后再用一个嵌套式筛子进行分类,这种筛子下面的网眼都要比

亲历者说： 　　　　　　　**从兴奋到厌倦**

关于这次著名的探险，"挑战者"号上的许多科学家和海军官员之后都有著作。他们透露，在最初的几个站点，当满载的拖网被拉上甲板的时候，船上几乎每个人都热切地希望知道，又从深海中打捞了什么样的奇怪生物。然而，这种令人战栗的激动并没有持续下去。其中一个官员写道：

> 当"挑战者"号的打捞重复数百次时，人们对深海的向往就出现了两种截然不同的态度。一种来自执行这种工作的船员，他们必须在延伸区站立10—12个小时，他们不清楚，或者不能科学地分辨海星、小虾、海参和其他生物的微小差异。另一方来自博物学家，他们永远对新的蠕虫、珊瑚和棘皮动物（海星及相关动物）感兴趣，当我们调整好轻型发动机（用来提升拖网或其他重型设备的小型蒸汽引擎），意兴阑珊地从海底打捞动物时，他们却呆在舒适的船舱中，兴高采烈地研究这些战利品。

一段时间后，即使是科学家也开始变得厌倦。"挑战者"号的博物学家之一，亨利·诺特德·摩斯里有如下论述：

> 起先，当拖网打捞上船的时候，船上人员无论年纪大小，只要当时能脱得开身，就都会围观去看看打捞上来的东西。渐渐地，随着新鲜事物的减少，人群也变得越来越小，直到最后只剩下科研人员，有时候也会有一两个值班的官员，默默地在打捞架上等待捞网的到来；同时，在世界各地的深海中不断发现同样的单调乏味的动物，这甚至会让科研成员的热情多少有些下降；在有些情况下，当危机发生时，船员们甚至都无法全部到位，尤其是在吃饭过程中，当它有一种不好的倾向时。对博物学家来说，深海打捞甚至可能是一件让人厌倦的事情。

上面的更小。上层的筛子把岩石和大些的动物网住,下面的筛子上则留下了小一点的生物。科学家们也在测深绳上拴着拖网,用来收集漂浮的或者游速缓慢的生物体。

"挑战者"号打捞上来的生物体,当从拖网中取出的时候,不论是活的还是死的,都要被详细地记录。科学家必须迅速地进行记录,因为即使是那些能够从深海中活着上船的生物,在遭遇压力和环境的改变时,再强壮的生物也会很快死亡。之后,科学家将它们保存在酒精瓶中,以备日后研究的需要。

在探险开始之前,"挑战者"被改造成了一个移动的研究实验室。此图显示的是3位博物学家所使用的工作室。(美国国家海洋大气管理局/商业部,船3017)

充满冒险的航行

在3年半的航行中,"挑战者"号调查了南北美、南非、澳大利亚、新西兰、香港、日本以及数百个大西洋和太平洋岛屿(探险队定期向英国汇报探险和探索的最新情况,英国人对这次探险的关注程度一点都不亚于20世纪60年代后期70年代初期人们对阿波罗号宇航员登月的关注)。"挑战者"号曾误入南极洲的冰山群,而南大西洋岛屿上的企鹅让船员们望而却步。有 10 个人牺牲,其中就包括德国博物学家鲁道夫(死于传染病);有 61 个船员中途放弃,因为与打捞泥浆和形状奇怪的动物相比,在澳大利亚挖金矿显然更具有诱惑力。

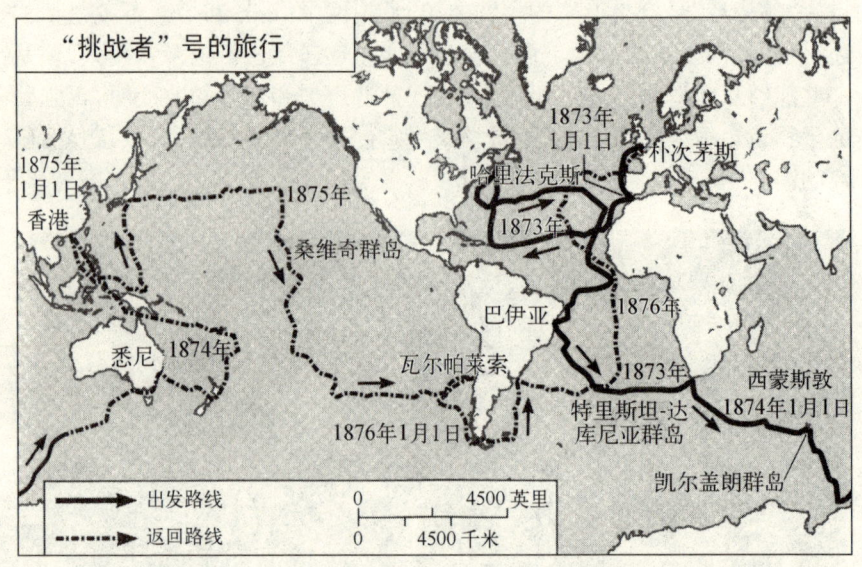

此图标明了"挑战者"号在它史诗般的 4 年航行中所走过的路线。

"挑战者"号经常在海滨考察,它几乎一半的时间都在海湾停留。在此期间,科学家和船员经常与各色人等接触,上至葡萄牙和日本的统治者,下至刚刚走出吃人时代的原始岛民。探险队员对各地地形、动物、植物和原住民进行记录、绘制和拍照,有些欧洲人很少见或者从未见过原住民。他们还收集动植物标本,以及当地的手工制品。这些对当地人的外貌、服装、行为的观测是非常重要的记录,因为受到欧洲泛化的影响,他们的文化很快就会发生改变。

然而,与他们所获得的深海知识相比,这些陆地上的发现几乎不值一提。他们捕获了盲眼龙虾和在显微镜下可以清晰看到每一个内在器官的透明生物以及身体可以发光的鱼类。他们绘制了一个海底山脉群的地图,此山脉群可以追溯到大西洋中脊,英国的评论家认定这就是神话里大西洋中"消失的大陆"的一部分。在关岛附近的西南太平洋中,他们发现了海底中的最低区域。这个区域是马里亚纳海沟的海底峡谷的一部分,为了向他们表示敬意,这里被命名为"挑战者深渊"。1875 年 3 月 23 日,探险队在这里测出了最深点——4475 英寻(5.1 英里,8.2 千米)。

凯旋

1876年5月24日,在进行了6.889万海里(12.7584万千米)的航行后,"挑战者"号和疲惫的船员们回到了英国的斯彼特海德海峡。一年后,怀韦尔·汤姆生作了报告,除了数不清的观测笔记外,他们还带回来了"563个箱子,包括装有酒精浸泡标本的2270个大玻璃罐、1749个小一点的带塞瓶、1860个玻璃试管以及176个锡盒,这些都装有酒精浸泡的标

其他科学家: 约翰·摩瑞(1841—1914)

1841年3月3日,约翰·摩瑞在加拿大出生,他的父母是苏格兰移民,他本人在苏格兰长大,几乎是非常偶然地,约翰成为"挑战者"号科学团队的一员。就在探险开始之前,查尔斯·怀韦尔·汤姆生邀请的科学家中有一人最后决定放弃。另一方面,摩瑞完全有条件参加,而且有熟人推荐,于是汤姆生雇佣了他。事实证明,这是一个非常明智的决定。

和汤姆生一样,摩瑞也是以医学系学生的身份进入爱丁堡大学,但最终也没有取得一个学位。与此同时,他却培养了生物学方面的兴趣。在1868年的一次北冰洋研究之行中,摩瑞收集了洋流、水温和海冰运动方面的信息。这是他在"挑战者"号探险之前唯一的一次远航经验。

摩瑞在"挑战者"号上的特殊任务是,分析从海底打捞上来的泥样沉淀物。他发现,这些沉淀物中的动物残骸主要成分是浅海微生物的外壳,其余部分是一种包含了火山灰的红色黏土。1891年,摩瑞出版了一本书来发表他的这种分析。

在怀韦尔·汤姆生病的时候,摩瑞临危受命,接下了筹备和出版"挑战者"号探险科学报告的工作,这也是他的最大成就。在《"挑战者"之旅》(The Voyage of the Challenger)中,埃里克·林克莱特(Eric Linklater)写道:"对于'挑战者'号这次重要的航行,爱丁堡大学、英国和爱丁堡皇家协会以及皇家海军都可以宣扬他们对之的信任,但最终成功发掘世界的科学内涵的是约翰·摩瑞"。1914年3月16日,摩瑞在苏格兰柯克利斯顿(Kirkliston)的一次车祸中丧生。

本;180个装有风干标本的锡盒;22个木桶,里面装有盐水浸泡的标本。"他补充道,在航行途中,他们已经从世界各地相继把5000多个瓶罐送回到了爱丁堡。总之,这次探险共收集了大约1.3万种不同的动物和植物以及1441个水样本。

虽然非常疲劳,但汤姆生和其他科学家知道,他们的工作才刚刚开始。汤姆生在爱丁堡建立了一个工作室以完成一项巨大的工程,即分析、整理和出版探险数据。他将各种动物标本寄给了100多个专家学者,学者分布范围覆盖了法国、德国、意大利、斯堪的纳维亚和美国。1877年,他出版了两卷本的《"挑战者"之旅》,书中记录了"挑战者"号大西洋段航行的观测报告。

在《"挑战者"号之旅》(Voyage of the "Challenger")发行的同一年,汤姆生被授予了爵位。此时,他的身体状况已经很不好,事实很快证明,他已经难以胜任将探险成果科学化的组织工作了。1881年,他辞去工作并回到了苏格兰。1882年,在他出生的房间里,他度过了最后的时光。

学科的建立

当怀韦尔·汤姆生的健康状况恶化时,作为"挑战者"号的博物学家,约翰·摩瑞接手了探险科学报告的筹备工作。最终出炉的报告又厚又重,包含50卷的插图,总计29 522页。1885年第一卷出版,最后一卷在1895年出版。这项工程耗资巨大,政府拒绝全部付款,此时的摩瑞受惠于"挑战者"号的观测成果,正从事相关的商业活动,并因此而非常富有,于是他资助了这项工作以确保顺利完成。

研究"挑战者"号航行的历史学家普遍认为,作为第一次系统性的、全世界的海洋研究,这次探险基本上建立了海洋学的学科。尤其是,这次探险第一次对深海进行了实地勘测。尽管"挑战者"号在1.4亿平方英里(3.5亿平方千米)的世界海洋上只拍摄了362张"快照",但他们却成功确定了海底的两个主要路标:大西洋中脊和马里亚纳海沟。在《绘制深海》(Mapping the Deep)一书中,科普作家罗伯特·孔齐希(Robert Kunzig)将二者称之为"这个星球上最重要的两个地质学面貌"。"挑战者"号对深海的勘测以及对世界海洋的温度、洋流和化学成分的调查,开启了人们对海洋物理和化学性质的了解。

最后,正如1877年怀韦尔·汤姆生所写到的,这次探险证明了"不同深度的海底都有动物生命存在"。通过"挑战者"号拖网和挖泥机的打捞，人们发现了 4417 种科学界此前未知的生物种类。参与探险的科学家发现，世界上的深海动物都是相似的，但与陆地和浅水动物相比，却有很大的差异。今天，海洋生物学家仍在英国自然历史博物馆中研究"挑战者"号收集的标本和探险的报告。

在"挑战者"号 1877 年的航行记录中，查尔斯·怀韦尔评论到"探险的目标已经完全如实地实现了"。在为"挑战者"号全部报告所做的总结中，约翰·摩瑞不无骄傲地将这次探险称之为"继 15 世纪、16 世纪大发现以来，对这个星球的认识的最伟大进步"。对此，大多数现代海洋学家都会赞同。

生平年表

1830 年	3 月 5 日，查尔斯·怀韦尔·汤姆生在苏格兰林利斯哥周边出生
1842 年	爱德华·福布斯断言，在 300 英寻（1800 英尺，540 米）的水下没有生命存在
1846—1849 年	汤姆生在爱丁堡大学开设植物学、动物学和地质学课程
1850—1870 年	汤姆生在多个大学教授动物学和植物学，主要是在爱尔兰
1859 年	查尔斯·达尔文《物种起源》出版
1868—1869 年	汤姆生发现 2435 英寻（1.4610 万英尺，4427 米）的水下有动物存在
1869 年	汤姆生参选皇家协会成员
1870 年	汤姆生成为爱丁堡大学首席博物学教授
1871 年	儒勒·凡尔纳出版了《海底 20 000 里》 汤姆生请求英国财政部和海军部资助和提供一艘船只，以用于世界范围内的深海调查

1872 年	4月,财政部和海军部同意资助汤姆生的探险 HMS"挑战者"号改建以适应探险需要 12月21日,"挑战者"号从朴次茅斯港启程
1873 年	2月15日,探险队开始海洋学调查 汤姆生的早期探险著作——《海洋的深度》出版
1875 年	3月23日,"挑战者"号测出了最大深度,4475英寻(5.1英里,8.2千米)
1876 年	5月24日,"挑战者"号回到了英国斯彼特海德海峡 汤姆生开始监督全部探险科学报告的准备工作
1877 年	汤姆生出版了两卷本的大西洋探险研究报告——《"挑战者"号之旅》 汤姆生被授予爵位
1881 年	汤姆生辞去了"挑战者"探险报告的管理工作,此职由约翰·摩瑞继任
1882 年	3月10日,汤姆生在苏格兰去世
1885 年	"挑战者"探险报告的第一卷出版
1895 年	探险报告的最后一卷(第50卷)出版

扩展阅读

图书

芭芭拉·查尔顿(Charton Barbara),《海洋科学家,从A到Z》(A to Z of Marine Scientists),纽约:Facts on File,2003年。包含了查尔斯·怀韦尔·汤姆生和约翰·摩瑞的生平梗概。

理查德·考费尔德(Corfield Richard),《沉寂的风景:HMS"挑战者"号的科学之旅》(The Silent Landscape: The Scientific Voyage of HMS Challenger),华盛顿:约瑟夫·亨利出版社,2003年。描述了"挑战者"号探险,并将之与现代海洋探险进行比较。

罗伯特·孔齐希(Robert Kunzig),《绘制深海:海洋科学的传奇》(Mapping the Deep: The Extraordinary Story of Ocean Science),纽约:W. W. Norton,2000年。其中

一章讲述了"挑战者"号探险。

埃里克·林克莱特(Linklater Eric),《挑战者之旅》(The Voyage of the Challenger),伦敦:约翰·摩瑞出版公司,1972年。关于航行的详细记录,有大量的插图,这些插图都是航行期间完成的素描和照片。

亨利·诺蒂奇·摩斯(Henry Nottidge Moseley),《"挑战者"号上的一个博物学家的笔记》(Notes by a Naturalist on the "Challenger"),伦敦:约翰·摩瑞出版公司,1892年。一个英国动物学家关于这次航行的观点。

约翰·摩瑞及其他,《1873—1876年间HMS"挑战者"号探险之旅的科研成果报告》(The Report of the Scientific Results of the Exploring Voyage of the HMS Challenger during the years 1873 - 1876),伦敦:1885—1895年。全套50卷的探险成果,附有科学家所做的插图和分析。

菲利普·F.雷保克(Philip F. Rehbock)等,《科学地在海上:约瑟夫·马特金的挑战者书信》(At Sea with the Scientifics: the Challenger Letters of Joseph Matkin),火奴鲁鲁:夏威夷大学出版社,1992年。"挑战者"号总管助理写给家人的信件,从一个非科学家的视角展现了这次旅行。

查尔斯·怀韦尔·汤姆生,《海洋的深度》(The Depths of Sea),伦敦:麦克米兰(Macmillan)出版公司,1873年。"挑战者"号之前的航行记录,勘测了英国深海的海底。

查尔斯·怀韦尔·汤姆生,《"挑战者"号大西洋之旅,1873—1876年初HMS"挑战者"号探险之旅成果的初步报告》(The Voyage of the "Challenger" the Atlantic, a Preliminary Account of the Geneal Results of the Exploring Voyage of HMS "Challenger" during the Year 1873 and the Early Part of the Year 1876),两卷本,伦敦:麦克米兰(Macmillan)出版公司,1877年。大西洋探险成果的总结。

文章

《HMS挑战者号》圣迭戈,加利福尼亚大学,斯克里普斯海洋学中心(Scripps Institution Oceanography),在线查询:http://aquarium.ucsd.edu/challenger。2005年5月31日访问。"挑战者"之旅的大量记录,特色是拥有约瑟夫·马特金书信的摘录。包含了对探险的科学仪器的描述,以及不局限于科学方面的各种活动记录。

托马斯·亨利·赫胥黎(Thomas Henry Huxley),《"挑战者"号出版物的第一卷》,刊载于《自然》(Nature)23期(1880年11月),第1页。在线查询:http://aleph0.clarku.eud/huxley/Uncoll/Nature/Chalvol.html。2005年6月4日访问。赫胥黎是达尔文自然选择进化论的坚定支持者,对于汤姆生基于"挑战者"号成果所发表的关于深海生物和进化理论的论断,他对之进行了描述和批评。

罗伯特·孔齐希(Robert Kunzig),《深海生物:生活在无垠之中》,刊载于《科学》302

期(2003年11月7日),第991页。将"挑战者"号的发现置于如下背景中:通过描述博物学家爱德华·福布斯的论断,即深海中没有生命存在,将之与汤姆生的结论相比较,从而证明福布斯的结论错误。

托尼·赖斯(Tony Rice),《HMS"挑战者"号探险:1872—1876》,英国自然历史博物馆,在线查询:http://www.nhm.ac.uk/nature-online/science-of-natural-history/expeditions-collecting/fathom-challengervoyage/assets/44feat_challenger_expid_1872.pdf。2005年6月4日访问。关于这次航行及其背景的绝佳文章,并附有图片说明。

查尔斯·怀韦尔·汤姆生,《"挑战者"号之旅——大西洋》,刊载于《水下博物学家》(Underwater Naturalist)25期(2000年12月),第3—14页。节选自汤姆生的"挑战者"号航线报告,解释了此次航行如何开始并描述了航行成果。

网站

HMS"挑战者"号网站,勘测学院,在线查询:http://www.coexploration.org/hmschallenger。2005年6月8日访问。由位于弗吉尼亚波托马克瀑布区的勘测学院开发,以"挑战者"号航行及其成果为基础,向初中和高中学生提供教学方案。这个网站的内容包括对船只和船员的描述、探险的成果,还包括各种资源,例如,书籍、其他网站、照片集、实物展示以及实地考察旅行。

2 半英里之下

——威廉·贝比和深海潜水球

"某一天的某一时某一秒必定会到来,那时人类的面孔会出现在一个小窗口上,然后这个信号被传送回地球上的同伴或屏息等待的各位,此时会听到这样的句子'我们所在的位置比珠穆朗玛峰还要高''现在能看到整个太平洋的海岸线''云彩把地球给遮住了'。"

上面这段话是威廉·贝比(William Beebe)在1934年所写,他比同时代人早27年预言了人类第一次进入外太空的壮举。然而,就在他写下这段话的同年,他和奥蒂斯·巴顿(Otis Barton)一道成为进入深海的第一批"宇航员"。乘坐巴顿设计、贝比命名为深海潜水球(Bathysphere 取自希腊语,意为"深的")的一个铁质球体,这两个男人潜入了深海,他们所到达的深度是此前人类能够达到的深度的6倍。

收藏家、旅行家、作家

查尔斯·威廉·贝比(Charles William Beebe)是在对大自然的热爱中成长起来的。1877年7月29日,他出生于纽约布鲁克林,但他童年和青少年的大部分时间都是在新泽西的东奥兰治度过的,在那里,他和朋友们一起收集鸟蛋、化石、昆虫以及其他动物标本。海丽塔·内蒂·扬不拉德·贝比(Henrietta [Nettie] Younglove Beebe)不仅是贝比的母亲,也是他热爱自然道路上的领路人,她曾带儿子参观了纽约新建的巨大的美国自然历史博物馆。贝比的父亲查尔斯·贝比是纸业公司的流动销售员,因此他很少在家。威廉每天给父亲写信,描述他的收藏和各种奇遇。

贝比决定申请哥伦比亚大学,因为这个大学的许多教员都在美国自然历史博物馆供职。由于高中时成绩非常优秀,因此,在 1896 年他作为"特招生"进入大学。他在哥伦比亚的学习一直到 1899 年,由于大多数的学分的原因,他没有获得学位。

威廉·贝比是世界上最早的地质学家之一,也是一个探险家和科普作家。他最著名的壮举是在 20 世纪 30 年代乘坐深海潜水球进行潜水。(野生动物保护协会)

在哥伦比亚大学,贝比的指导老师是亨利·费尔费尔德·奥斯本(Henry Fairfield Osborn)。奥斯本是哥伦比亚大学动物学系主任,也是美国博物馆和纽约动物学协会(今天的野生动物保护协会)的主席。当时,奥斯本很受知识青年的欢迎,就在纽约动物学公园(也叫布朗克斯[Bronx]动物园)对外开放之前的 1899 年,奥斯本推荐贝比担任动物园鸟类馆的助理馆长。这个提议得到了动物园负责人威廉·T. 霍纳迪(William T. Hornaday)的同意,同年 10 月,贝比开始在这里工作。1902 年,贝比成为鸟类馆馆长,这年 8 月,他与来自弗吉尼亚富有家庭的玛丽·布莱尔·莱斯(Mariy Blair Rice)结婚。

贝比所管理的鸟类都很健康,在这方面他非常成功,但他不想把时间都花费在管理笼中动物的起居上。相反,他开始组织探险,观察原生态中的鸟类,并为动物园带回了很多标本。霍纳迪反对贝比如此频繁地离开,但奥斯本却支持这个青年探险的主张。

1904 年,贝比和他的新婚妻子来到了墨西哥,开始了他的第一次探险之旅。在他们返回途中,贝比(和布莱尔[如她自称]一起;她后来成为一个旅行书籍的畅销作家)开始了他的第二职业:书写他的探险经历。1905 年,贝比出版了《两个鸟类爱好者在墨西哥》(Two Bird Lovers in Mexico)一书。1908 年,以委内瑞拉旅行为蓝本,这对夫妇又创作了一本书。但是,随着 1913 年他们的高调离婚,这种私人的和文学上的合作也到此结束。

生态学和冒险

在接下来的 20 年中,威廉·贝比作为一个探险家和生物学家而闻名。他领导了多次探险,足迹遍及南美、亚洲和世界许多地方。1919 年,他在动物学协会成立了热带研究部,并担任负责人,之后他又在南美北部的一个国家,即英属圭亚那(今天的圭亚那合作共和国),建立了热带研究部的第一个研究站。

有一段时期,大多数动物学家都只能在博物馆里研究干燥的标本,或者在动物园里研究笼子里的动物,但贝比坚持认为,要观测原生态中进行日常活动的活生生的动物。他还强调,研究不同物种与环境之间的相互影响非常重要,这个学科分支现在被称为生态学。在关于深海潜水球潜水的一本书——《下潜》(Descent)中,布拉德·马斯敦(Brad Masten)写道:"作为生态学先驱,贝比对生态学的贡献丝毫不逊于他对海洋生物学和海洋学的贡献。贝比认为,研究一个生物必须要研究它的环境及周边物种,否则就不能完全理解这种生物,这种观点在那个时代显得非常偏激,以至于大多数的科学讨论都不屑于把它列入讨论范围。"

贝比坚持写作,将自己学到的东西分享给大众,而不仅仅是科学家。他的一些著作也得到了科学界的认同,比如 4 卷本的《野鸡专论》(A Monograph of the Pheasants),此书写于 1909—1911 年南亚鸟类考察之后,并于 1918—1922 年间出版(受第一次世界大战影响,出版一度被推迟)。然而,还有很多书是以大众读者为目标创作的。人们喜欢阅读贝比的书,喜欢他那些令人毛骨悚然的冒险经历,比如他曾在加拉帕戈斯群岛(Galapagos Islands)爬上一座正在喷发的火山,由于吸入了有毒气体,几乎因此昏厥,由此而创作的《加拉帕戈斯群岛:世界的尽头》(Galapagos:World's End)一书,成为 20 世纪 20 年代的畅销书。

对深海的渴望

20 世纪 20 年代后期,威廉·贝比的注意力从陆地转向了海洋。从 1928 年开始的大约 10 年间,在大西洋中百慕大附近的一个小岛——极品岛(Nonsuch)周围,贝比对方圆 8 英里(12.8 千米)海域内的海洋生物进行了系统研究。在关于深海科学探险的著作《世界之下》(Universe Below)一书中,威廉·J.布罗德(William J. Broad)评论道,在那个时代,贝比的工作"史无前例,即在海洋中某一区域进行最广泛和最系统的取样"。在这个时期,贝比和他的助手们共捕获了11.5万多个动物,大约有220个物种,其中很多都是科学界首次发现。

贝比观测海洋生物的途径主要有两种,一是在相对浅一些的海洋中潜水(下潜40英尺[12米],需要戴一种潜水头盔),一是在较深的海域中打捞拖网。和60年前"挑战者"号科学家所看到的一样,他们从深海打捞上来的动物大多都已经死亡或者损伤严重。贝比在之后的文章中写道:他当时感受到从未有过的强烈愿望,希望在原生态中看到这些动物活生生的样子,就像在热带雨林时他所做的那样。

每下降33英尺(10米),水压就增加一个大气压,即每平方英寸14.6磅(6.6千克)。当时人类所达到的最大深度是525英尺(15.9米),潜水员和潜水球(用于水下探索的航行器)在这个深度所受到的压力大约是海平面压力的2.2倍。贝比明白,如果他想潜入更深的区域,他所使用的潜水工具的承压能力就必须超过以往发明的潜水衣和潜水器。

美国前总统西奥多·罗斯福(Theodore Roosevelt)是贝比喜爱自然的同道中人,贝比和他一起讨论了深海潜艇制造的可能性。贝比认为,这样的航海器应该是圆柱体,而罗斯福则更推荐球体。罗斯福指出,比起其他形状,球体完美的圆形设计能均匀地、更好地承受水下巨大的压力。

建造深海潜水球

1928年11月,贝比在报纸上发表了一篇文章,文章中他描述了自己去深海探险的梦想,此后,各类发明家不断给他提供各种可能的潜艇设计构想。这些设计要么缺乏可行性,要么太复杂,所以贝比无一例外都否决了。事实上,不久以后,贝比甚至拒绝再看设计图。

奥蒂斯·巴顿同样被贝比的挑剔弄得沮丧不已,他是一个富有的年轻设计师,和贝比毕业于同一所大学——哥伦比亚大学。和西奥多·罗斯福一样,巴顿也认为,最适合潜艇的形状应该是球体。巴顿本想自己设计潜水器并亲自潜入海底,但他又希望能够借助贝比的声望及其与科学界的交情,以获得海底探险的资助。

巴顿有一个记者朋友认识贝比,在他的帮助下,1928年底或1929年初,巴顿终于有机会向这位著名的探险家展示自己的设计。贝比一看到巴顿的设计图,就被作品所展示的简单风格所吸引,他深信,与之前看到的所有设计不同,巴顿的发明在深海中一定可以运行。1929年,贝比同意与巴顿合作,并为巴顿的设计起了一个名字:深海潜水球。巴顿承诺自费制造潜水球,而贝比则负责说服纽约动物学协会和国家地理学协会来为将来的探险提供资助。

巴顿建造的第一个潜水球重达5吨(1万磅,4500千克),他们在百慕大租的驳船根本无法利用绞盘提升这个潜水球。于是他下令将它熔化,并重新设计了一个重量只有一半的潜水球。在4英尺9英寸(1.5米)的水下,这个潜水球用它1.5英寸(3.8厘米)厚的球壁成功承受住了预期的水压。巴顿让球体保持小型的目的,不仅是为了减少它的重量,而且是为了提高它的强度:在其他因素(包括球壁的厚度)不变的条件下,球体越小,球壁容纳空间的比例就越大,球体也就越坚固。

在巴顿的自传——《水下的世界》(The World beneath the Sea)一书中,他写道:深海潜水球看起来"就像一个巨大膨胀的、有些喝醉的牛蛙"。潜水球上有3个圆柱体的窗台,像小型炮一样从球面上凸出来。这些圆形的窗户每个有3英寸(7.6厘米)厚,直径8英寸(20厘米),它们不是玻璃,而是由熔凝石英——实际上就是熔化的沙子制成,因为石英承受压力的能力更强,容许光线的色彩范围更广。

首次潜水

1930年,深海潜水球进行了第一次试潜。驳船将这个空的球体运到极品岛附近的海域,然后利用滑轮和索具将它放入水中。潜水球被悬挂在一根3500英尺(1060米)长、7/8英寸(2.29厘米)粗的铁索上,之后被放入了2000英尺(606米)的水下。刚开始时,铁索与包裹着电话线(用于潜水员和船上人员之间的联系)和电线(为潜水员水下聚光灯提供电源)的橡胶管缠绕在了一起。这种情况非常危险,幸好问题很快就被解决,在6月6日进行的第二次测试中,深海潜水球成功下潜到1500英尺(460米)深的水下。

在6月6日晚间,贝比和巴顿准备搭乘深海潜水球进行第一次水下探险。要进入这个球体,就必须通过由10个重螺栓固定的铁门上的一个圆形开口,这个开口只有14英寸(35.5厘米)宽,因此他们不得不挤压身体，从头部开始一点一点地进入。贝比之后写道，"我痛苦地从螺栓上爬过，蜷曲身子，跌入又冷又硬的球体底部。……奥蒂斯·巴顿随后也爬了进来，我们收拾了一下，准备开始工作。"在潜水球内54英寸(137厘米)宽的空间内，这两个男人不得不挤在一起，甚至都没有一个枕头(在潜水完成后不久，贝比说，"在深海潜水球内呆得越久，它就显得越狭小")。

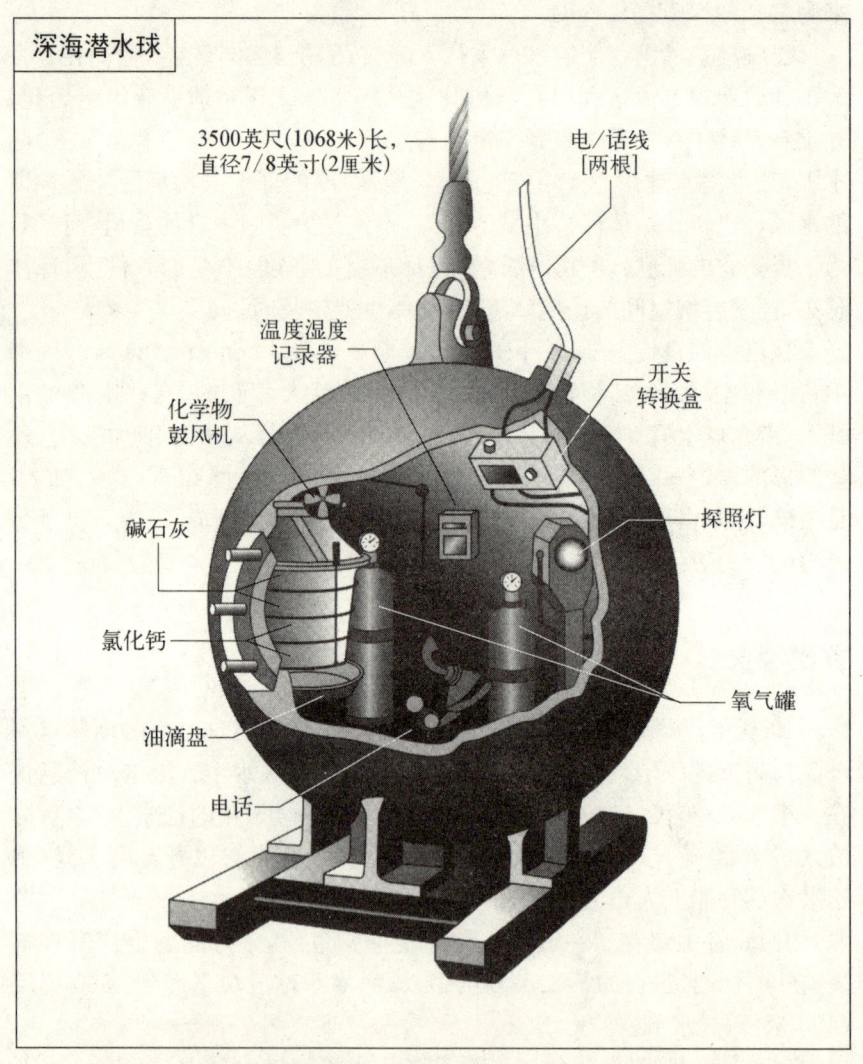

此图展示了深海潜水球的狭小内部，它的直径只有54英寸(137厘米)。左边列出的化学物可以将二氧化碳和湿气从球体中排出，从而保证了空气的通畅。

亲历者说： 水 爆 炸

贝比在深海潜水球的潜水记录——《半英里之下》中写道：当它回到驳船的甲板上时：

> 显然出问题了，当深海潜水球侧转时，我看到有像针那么细的水柱从窗台表面喷出。当它（深海潜水球）经过船舷被放在甲板上的时候，它的重量远远大于它本来的重量。从一个窗户看去，我看到它里面几乎充满了水。在水的顶部有一些奇怪的波纹，我知道，上面的空间里是满满的空气，这些气体没有人可以忍受。

贝比开始去拧那个巨大的蝶形螺母，这个螺母用来固定潜水球球门中心上的小型开口。他写道，拧了几圈后，"就出现了一些奇怪的、高频的声音，接着就喷出了细小的喷雾，然后是像针一样细的蒸汽，如此反复。这再次提醒了我，当我从窗户上看的时候，我就应该意识到，潜水球内部已经积聚了巨大的压力。"

这个探险家让船上的所有人都远离潜水球球门，并且准备了两台录像机，以记录接下来可能发生的一切。

> 我们两个小心翼翼地、一点一点地扭动那个黄铜把手，全身都被喷雾浸湿了，而且我发现，随着我们扭动把手，这个狭小设备所发出的不耐烦的、高频的声音音阶不断下降，大概每次轻微的扭动都会下降四分之一个音阶。意识到可能发生的情况，我们尽可能地向后倾斜，远离"发射线"。突然毫无预警地，螺栓从我们手中滑出，大量的铁块飞过甲板，其状况就像炮弹从弹道飞过一样。铜制螺母几乎是直线地飞过，横贯甲板刺入了30英尺深的钢铁中，并且形成了半英寸（1.27厘米）深的凹痕。紧接着，一股强有力的水柱从门上的洞口喷出，不久后减弱变成了一股水流……如果当时我没有躲开，我肯定会当场毙命。

在对深海潜水球进行检查之后，贝比断定，水是从一个石英窗户进入了球内。他们在同样的位置重装了窗户，之后进行了测试，在被放入同样深度的水下后，潜水球返回时仍是干燥的。

球体内只有少量的罐装氧气,还有为了保障呼吸通畅而备有的化学物质,这种物质能够吸收湿气和二氧化碳,这些有限的资源他们必须一起分享。

曾经有一次,两人已经在潜水球里准备好了,驳船上的船员把 400 磅(180 千克)的铁盖放在入口处的螺栓上,以此来进行密封。为了固定铁盖,船员们必须把螺母扭入螺栓中,然后再敲打几下,这些举动发出的噪音让潜水球里的两人饱受痛苦,听力受到了严重的损害。最终,他们用一个巨大的蝶形螺母把盖子中间 4 英寸(10 厘米)的紧急出口封上了。紧接着,船员们把系着铁索和橡胶管的潜水球从驳船边上放入了水中。

当到达 300 英尺(91 米)深时,贝比和巴顿惊恐地发现,有一滴水从门缝里渗了进来。然而,贝比并没有因此而要求回到海面,相反,他打电话请求更快地下沉,因为他相信,在深一些的地方增加的水压会让门密封得更好。非常幸运,他是正确的:泄漏很快就停止了。

在这个他后来称之为本能的选择之后,贝比在 800 英尺(242 米)深处中断了潜水。在结束了一个小时的水下活动后,深海潜水球被拉回到了驳船的甲板上。当从这个球形"监狱"中爬出时,贝比和巴顿几乎已经失去知觉,不久后,他们的助手和船上的船员一起为他们举行了一个小型庆功会。他们有理由庆祝:尽管这次潜水从本质上来说只是一次测试,但他们所达到的深度仍是人类以往所达到的 1.5 倍还多。

一个奇异的世界

在 1930—1934 年期间,贝比和巴顿共进行了 16 次深海潜水。每次潜水过程中,贝比都会给他的助手格洛里亚·霍利斯特(Gloria Hollister)打电话,气喘吁吁地发表一些评论,格洛里亚则小心地全部记录下来。1932 年 9 月 22 日,通过无线电实况转播,贝比和巴顿向美国和英国的广大听众展示了他们的潜水探险,并向世界传达了他们的兴奋之情。

当从潜水球的小窗口中看到各种奇异美丽的深海生物时,贝比感受到了最大的兴奋。一种叫樽海鞘的生物排成一列游来游去。他称赞道:它们"就像最好的缎带那样可爱"。他还描述了一种奇异的鱼,这种鱼的下颚非常大,而且一直张开,里面的牙齿就像针一样锋利。许多生物体能够通过自身的造光过程(这个过程也使萤火虫能够发光和闪光)发出光线。例如他在描述第七次潜水时所写到的,"我看到了一些生物,有好几

机械发明家奥蒂斯·巴顿(右)设计了深海潜水球,他与贝比(左)一起,参与了这艘潜水器所完成的所有载人航行,其中就包括它的最深潜水——1934年8月15日,他们潜入了水下3028英尺(923米)深,或者大概是半英里,远远深过人类此前所到之处。(野生动物保护协会)

英尺长,它们直直地朝窗户飞来,转向旁边,然后——爆炸。那道光是如此的强烈,它几乎把我的脸和窗户里的基石都照得透亮。在这束光的照耀下,我看到了巨大的红虾和其中的流光溢彩。"他断定,就像浅水中的章鱼受到威胁时会喷出墨汁一样,这种虾也会利用喷出的发光液来迷惑和恐吓入侵者。

1934年8月15日,贝比和巴顿乘坐深海潜水球潜入了百慕大清澈的水域中,并创造了最深的潜水纪录:3028英尺(923米),大约半英里。在那个深度,深海潜水球每平方英寸的表面都要承受多于1360磅(612千克)的水压。在最深的地方,贝比和巴顿只呆了5分钟。

到此时为止,国家地理学协会已经联合纽约动物学协会一起为深海潜水器的潜水活动进行赞助，贝比也在《国家地理学》（National Geographic）的协会刊物上多次发表文章，描述他所经历的水下世界。以贝比绘制的奇异生物为蓝本，艺术家埃尔斯·波特曼（Else Bostelmann）为这些文章创作了插图。在《和贝比一起冒险》（Adventuring with Beebe）一书中，贝比也描述了他的潜水活动，当然此书还记录了其他的探险经历，而《半英里之下》则是对深海潜水球潜水的专论。

分道扬镳

1934年9月11日，贝比和巴顿乘坐深海潜水球进行了最后一次潜水（潜入深度至少1403英尺[425米]）。之后，纽约动物学协会收藏了这个具有历史价值的球体，现在它被陈列在纽约水族馆。

潜水活动一终止，巴顿和贝比的友谊也随之结束。根据布拉德·马斯敦分析，从巴顿的言论和文章中可以看出，他觉得贝比没有完全信任他来建造潜水器，而这个潜水器把他们带入了令人惊异的深度，同时贝比也没有信任他，与他一起承担危险，而这些危险贝比曾非常生动地描述过。巴顿接着拍摄了一部电影——《深海巨人》（Titans of the Deep），这部电影在20世纪30年代末发行。电影海报中称，此电影是关于深海潜水球潜水的一部纪录片，但贝比写信给《纽约时代周刊》和《科学》杂志，信中他强调"无论是我，还是我团队中的成员，都与这部电影没有关系"。结果，这部电影以失败告终。

20世纪40年代后期，巴顿又设计了一个水下航行器，他将之命名为球形海底探测器，这个探测器比深海潜水球更坚固。1949年8月，他乘坐这个探测器抵达了水下4500英尺（1370米）的深度，从而打破了1934年由他和贝比创造的潜水纪录。1953年，巴顿出版了自传——《水下世界》（The World beneath the Sea），书中也描述了深海潜水球的探险经历。

贝比也在继续着他的探险事业。20世纪30年代后期，他在下加利福尼亚（Baja California）和中美洲太平洋沿岸一带戴着头盔潜水，开始从事于浅海中海洋生物的研究。1949年，在特立尼达群岛的加勒比海岛上，贝比建立了一个研究站，这也是他最后的家。依据他经常去的一个印度小镇的名字，他将这个研究站称为西姆拉。他的写作生涯也在继续。他一生中共创作了24部著作，以及800余篇自然历史方面的文章。

在他 75 岁生日那天,即 1952 年 7 月 29 日,贝比从动物学协会退休。此后的 10 年他都是在西姆拉度过的,陪伴他的是海洋生物学家乔斯林·克利恩(Jocelyn Crane),她从深海潜水球探险开始就是他的助手。1927 年,贝比和作家埃尔斯威思·塞恩·利科尔(Elswyth Thane Ricker)结婚。他们并没有离婚,而且一生中都保持了很好的友谊,但他们很少在一起生活。1962 年 6 月 4 日,贝比在百慕大因肺炎而去世。

激励后世

虽然威廉·贝比的文章经常刊登在科学杂志上,但同时作为一个受欢迎的作家,他的成功还是让很多科学家对他产生了怀疑。一些书评家认为,他书中对深海生物的描述夸大其词,甚至是他自己想象的产物。例如,美国自然历史博物馆近代鱼类馆馆长约翰·T. 尼科尔(John T. Nichols)曾这样评论《半英里之下》:贝比这本书属于虚构类小说。更多近代评论家指出,贝比描述的鱼类中有些是别人从未报道过的。

然而,还是有很多科学家相信贝比的诚实。1984 年,美国自然历史博物馆前任馆长詹姆士·A. 奥利弗(James A. Oliver)这样对爱德华·里希提(Edward Ricciuti)说:"之前我也曾怀疑贝比过分夸大了他的经历,直到我随他一起进入那个世界,我的观点改变了。"奥利弗说,尽管他是一个训练有素的科学家,但仍会遗漏一些动物及其活动,这时贝比就会及时地给他指出来。费尔菲尔德·奥斯本(Fairfield Osborn)是贝比从前导师的儿子,在父亲离开后,他继任为纽约动物学协会的主席,奥斯本在贝比死后所写的悼词中说:"只有与贝比一起亲密工作过的人才会了解,他多么崇尚观测的准确性和可能性……他是一个伟大的科学家,拥有具有强大观测力的精良设备,这些设备经常让同行们大吃一惊。"1928 年,科尔盖特大学(Colgate University)(位于纽约州哈密尔顿市)和塔夫斯大学(Tufts University)(位于马萨诸塞州波士顿市)分别授予贝比为名誉教授,1926 年,由于出色的大自然写作,贝比的《野鸡专论》一书获得了约翰·卜洛奖(John Burroughs Medal)。

不管怎么说,对单个水下动物的精确描述都不能成为贝比最大的成就。贝比的第一个成就是——和巴顿一起,有勇气将自己塞入一个狭小的、相对来说也很易脆的容器中,并且冒险进入人类此前从未到过的区域。他的第二个成就是,通过自己的言论和写作,向更多的人传播了这个

相关链接： 指导后辈

在他的职业生涯中，贝比鼓励和帮助了很多后辈科学家，其中也包括女性科学家。1944 年，他正在主编一本自然学选集，即《博物学家之书》(The Book of Naturalists)，他选择当时默默无闻的海洋生物学家——雷切尔·卡森(Rachel Carson)的关于鳗鱼生命周期的一篇评论作为书的最后一章。这篇文章是卡森的第一次重大发表。

在以后的日子中，贝比一直对卡森多有帮助。比如，1949 年他帮助她进行了浅海潜水，此前她从未有过这种经验。他告诉她，所有的海洋科学家都必须有这种经历，即在原生态中直接观察海洋生物。

最终卡森发现，与原始的科学工作相比，她更喜欢对科学和自然进行描写。为了集中精力写作，她需要资金的保障，这时贝比帮助她获得了尤金·F. 萨克斯敦纪念奖学金(Eugene F. Saxton Memorial Fellowship)。这个奖学金是为有前途的作家而设立的，在这个奖学金的帮助下，卡森在 1951 年出版了她的第一本书，《我们周围的海洋》(The Sea around Us)，此书成为畅销书。

卡森成为一个多产的作家，并且成为著名的生态学和环保运动的先锋。作为她最著名的作品，《寂静的春天》(Silent Spring)就杀虫剂对环境和人类健康造成的危害向人们发出了警告。

与同时代的许多科学家、作家和自然保护主义者一样，雷切尔·卡森非常感谢贝比曾给予她的激励和帮助。她在《我们周围的海洋》的前言中写道："我对神秘的、意味深长的海洋的着迷，以及这本书的创作，都得益于威廉·贝比的友谊和鼓励。"

新世界的奇妙和美丽。无数的海洋科学家曾说过，正是受到贝比著作的激励，他们才进入了这个研究领域，比如在 20 世纪 70 年代创造世界深海潜水纪录的席薇亚·厄尔(Sylvia Earle)。

生平年表

1877 年	7月29日，查尔斯·威廉·贝比在纽约布鲁克林出生
1896—1899 年	贝比在哥伦比亚大学学习

1899 年	10月,贝比成为纽约动物学公园鸟类馆助理馆长
1902 年	贝比出任布朗克斯动物园馆长 8月6日,贝比与玛丽·布莱尔·莱斯结婚
1904 年	贝比和妻子一道去墨西哥观察和收集鸟类
1905 年	贝比的第一部著作《两个鸟类爱好者在墨西哥》(与他的妻子合著)出版
1909—1911 年	贝比在亚洲进行野鸡研究
1913 年	贝比与妻子离婚
1918—1922 年	贝比关于野鸡的科学著作出版,共4卷本
1919 年	贝比成立了纽约动物学协会的热带研究部,并成为负责人 贝比在英属圭亚那建立了此协会的第一个研究站
20 世纪 20 年代	贝比描述自己热带探险经历的著作成为畅销书
1926 年	贝比关于野鸡的著作获得了约翰·卜洛奖
1927 年	9月22日,贝比与作家埃尔斯威思·塞恩·利科尔结婚
1928—1937 年	贝比研究百慕大极品岛附近一个小区域内的生物活动
1928 年	6月,贝比成为塔夫斯大学和科尔盖特大学的名誉教授 11月,贝比在报纸上发表了一篇文章,描述了自己希望乘坐一种新式潜艇进行深海旅行的梦想 贝比与设计师、发明家奥蒂斯·巴顿相见
1929 年	贝比同意与巴顿合作,乘坐巴顿设计的、贝比称之为深海潜水球的潜艇进行潜水
1930 年	6月3日,深海潜水球进行了第一次试潜 6月6日,贝比和巴顿第一次乘坐深海潜水球进行了潜水

1932 年	在一次试潜中,在巨大的水压之下,窗户上的一个漏缝使潜水球内充满了水,当潜水球回到海面时,球内的水爆炸似地喷射 9 月 22 日,深海潜水球的一次探险通过无线电实况转播到美国和大不列颠
1934 年	8 月 15 日,贝比和巴顿的深海潜水球潜水创造了他们的最深纪录:3028 英尺(923 米) 9 月 11 日,深海潜水球进行了最后一次潜水
1930 年	20 世纪 30 年代末,以深海潜水球的潜水经历为蓝本,巴顿拍摄了电影《深海巨人》,贝比此时则戴着潜水头盔潜水,并研究水下生物
1949 年	8 月,乘着他设计的另一艘航海器,即球形海底探测器,巴顿创造了新的潜水纪录(4500 英尺,1370 米) 在特立尼达岛上,贝比建立了西姆拉研究站,这也是他的又一个家
1952 年	7 月 29 日,贝比从动物学协会退休,这一天也是他的 75 岁生日
1962 年	6 月 4 日,贝比在西姆拉去世

扩展阅读

图书

奥蒂斯·巴顿,《水下世界》,纽约:托马斯·Y. 克劳威尔出版公司(Thomas Y. Crowell),1953 年。巴顿本人的自传,也是他和威廉·贝比共同乘坐他所设计的深海潜水球进行的潜水经历的描述。

威廉·贝比,《和贝比一起冒险》,纽约:Viking,1951 年。贝比作品选集,包括了部分在深海潜水球上的潜水经历。

威廉·贝比,《半英里之下》,纽约:哈廓考特布雷斯出版公司(Harcourt Brace),1934 年。详尽描述了深海潜水球潜水及贝比所观测的深海动物。

威廉·J. 布劳德(William J. Broad),《世界之下:发掘深海的秘密》(The Universe Below: Discovering the Secrets of the Deep Sea),纽约:Simon & Schuster,1997

年。深海科学研究的历史;有关贝比的材料。

雷切尔·卡森(Rachel Carson),《我们周围的海洋》(The Sea around Us),纽约:哈佛大学出版社,1951年。卡森的第一部书,在威廉·贝比的帮助和启发下而成书,对海洋的物理和化学性质进行了描述。

卡罗尔·格兰特·古尔德(Carol Grant Gould),《威廉·贝比不平凡的一生:探险家和博物学家》(The Remarkable Life of William Beebe: Explorer and Naturalist),华盛顿:岛国出版社,2004年。内容广泛的贝比自传,以最新发行的贝比日记、书信和图片为根据。

布拉德·马特森(Brad Matsen),《深渊的伟大发现》(The Heroic Discovery of the Abyss),纽约:Pantheon,2005年。关于深海潜水球潜水的专著,包括了其背景和意义。

文章

吉恩·安·波拉德(Jean Ann Pollard),《乘着深海潜水球的贝比》,刊载于《海洋边界》40期(1994年8月),第41—44页。描述了深海潜水球的构造和它的几次潜水过程。

爱德华·R.里希提(Edward R. Ricciuti),《惊心动魄的冒险》,刊载于《国际野生生物》14期(1984年7—8月),第13—15页。回顾和评价了贝比的职业生涯。

《威廉·贝比》,刊载于《世界传记全书》,附录第22卷。密歇根州法明顿山:Gale Group,2002年。关于贝比的传记文章,耐人寻味。

网站

威廉·贝比的官方网站,http://hometown.aol.com/chines6930/mw1/beebe1.htm。2005年6月7日访问。由凯瑟琳·L.海恩斯(Catharine L. Hines)维护,勾勒了贝比一生的图景,包括了深海潜水球的探险报告,中间插有国家地理学协会等提供的图片。这个网站还有贝比在世界范围内对野鸡研究的记录,有专章论述贝比的两位妻子(两人皆为作家),有一份贝比著作清单,还有一页参考书目和相关链接。

3

高度和深度

——奥古斯特·皮卡尔德、雅克·皮卡尔德和深海潜水器

1933年的芝加哥世界博览会上,云集了昔日和未来的各种深海探测技术。过去一方以威廉·贝比为代表,他的深海潜水球在博览会上被展出。当时,贝比和他的潜水搭档奥蒂斯·巴顿还没有进行他们的最深潜水,不过就在一年之后,他们就完成了打破纪录的壮举。但即使是后来巴顿改造的潜水器——球形海底探测器,所到达的最深纪录也只是1949年创造的4500英尺(1370米)。设计者意识到,如果要在更深的水下活动,球体本身的重量加上提升它的铁索的重量,远远超过了船上的绞盘所能承受的范围。

未来一方以瑞士物理学家、工程师奥古斯特·皮卡尔德(Auguste Piccard)为代表。在这里,贝比和皮卡尔德相遇,而且与贝比一样,此时的皮卡尔德已经名声在外。几年前,皮卡尔德在相反的方向创造了纪录:抵达了地球大气层的新高度;他所乘坐的是自己发明的热气球,在博览会上,这个热气球上唯一的封闭舱(乘客坐席)向观众展出。然而,在水下航行器方面,这个瑞士科学家的工作才刚刚起步。不过还算及时,皮卡尔德和他的儿子雅克·皮卡尔德(Jacques Piccard)(1933年时还是个孩子),将到达比深海潜水球测量的深度还要深得多的水下。在人类历史上,皮卡尔德家族拥有双重的荣誉,他们不仅创造了最高的飞行纪录(微缩版的太空漫游),还潜入了最深的水下。

天才双胞胎

1884 年 1 月 28 日，奥古斯特·皮卡尔德和他的双胞胎哥哥简·菲利克斯·皮卡尔德(Jean-Felix Piccard)在瑞士出生。他们家族不但富有，而且在当地很有声望。他们的父亲朱尔斯(Jules)是巴塞尔大学化学系主任；他们的叔父在日内瓦拥有一家工厂，为水利电厂生产涡轮；他们的祖父曾是巴塞尔地区的专员。海琳·霍尔特霍夫·皮卡尔德(Helene Haltenhoff Piccard)是他们的母亲。

这对孪生兄弟一起进入苏黎世联邦技术学院学习，只不过奥古斯特主修机械工程，而简-菲利克斯则主修化学工程。1907 年，他们一起取得了博士学位。

1906 年前后，奥古斯特·皮卡尔德开始思考去深海探险。他绘制了探险家乘坐球体在水下漫游的图景，这个球体拥有足以承受深海水压的厚实坚固的球壁，而这些与 20 年后奥蒂斯·巴顿所做的一切惊人地相似。然而，与巴顿不同的是，皮卡尔德并不准备用一根铁索来升降球体。从 18 世纪后期开始，人类就利用充满了热气或氢气（这两种气体都比高层大气中的冷气更轻）的巨大气球来搭载人类升空。据此，皮卡尔德认为，可以在水下的铁球上系一个像气球一样的漂浮物，里面填充的物质要比水更轻，因此，利用这个漂浮物和一些砝码就可以升降铁球了。另外，用漂浮物代替铁索可以增加球体的安全性和灵活性（因为球体可以自行升到水面）。

然而，在皮卡尔德获得博士学位后，他的注意力却从海洋转移到了天空。与哥哥一样，他着迷于从太空进

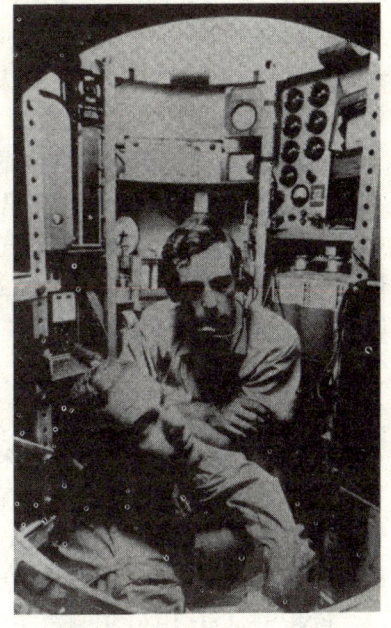

1960 年 1 月 23 日，雅克·皮卡尔德(上)乘坐由自己和父亲奥古斯特设计的潜水器——"的里雅斯特"号，和美国海军上尉唐纳德·沃尔什(下)一起，潜入了大洋的最深处。图中是二人在潜水球狭小的乘务舱内的情景。（美国国家海洋大气管理局/商业部，船 3324）

入地球高层大气的各种宇宙射线和高能亚原子微粒。为了研究宇宙射线,1913年,皮卡尔德兄弟从苏黎世出发,开始进行热气球飞行。当1914年第一次世界大战爆发时,兄弟两人应召入伍,加入了瑞士军队气球军团(战争中的其他国家也有类似的军团),他们的任务就是从空中监视敌军的行动。1915年,兄弟二人结束服役。

高空研究

和父亲一样,简·菲利克斯·皮卡尔德成了一个化学教授。后来他移民美国,并在1931年加入美国国籍,成为了明尼苏达大学的教授。1960年1月23日,他在明尼阿波利斯去世。

与之形成对比的是,奥古斯特·皮卡尔德一直在苏黎世教授物理学。他帮助同事阿尔贝特·爱因斯坦设计仪器,测量宇宙射线的辐射,并因此获得了发明家的声誉。1922年,皮卡尔德移居比利时的布鲁塞尔,并在那里继续任教。

在布鲁塞尔,皮卡尔德继续思考气船航行。平流层是位于海平面以上10.8英里(18千米)到54英里(90千米)之间的大气层,从1900年开始,科学家不断发射装载仪器的气球,以此研究平流层中的宇宙射线和其他大气现象。皮卡尔德认为,与仅有仪器相比,如果气船上有人的话,就能够观测到更多的东西,但从没有人涉足过平流层,因为那里空气中的氧气含量太少,以至于人无法生存。只要到海平面以上2.9万英尺(8788米)的高度,人类就会失去意识。

这时,皮卡尔德想起了他的深海探测器计划,据此他为高空气球设计了一个封闭舱,舱内的空气能够保证驾驶者呼吸通畅。他的这个设计得到了比利时国家科研基金(Fons National de la Recherche Scientifique,FNRS)的资助,为了向这个组织表示敬意,他将这个设计称为FNRS-1。

FNRS-1于1930年制造完成,它是第一个装有压力舱的飞行器,压力舱也成为现在飞机的标志性特征。这个铝质舱宽7英尺(2.1米),与一个氢气球相连。1931年5月27日,皮卡尔德和德国科学家保罗·基普弗(Paul Kipfer)一起驾驶氢气球从德国奥格斯堡附近的一个牧场起飞,并创纪录地到达了5.1775万英尺(1.5785万米)的高度,他们由此成为人类历史上到达平流层并安全返回的第一人。

1932年8月18日,在从苏黎世起飞的一次飞行中,皮卡尔德和另一位副驾驶马克思·考斯因斯(Max Cosyns)创造了更高的纪录：5.3139万英尺(1.6200万米)。皮卡尔德只有一个孩子——雅克(出生于1922年7月28日)，当时还是一个9岁男孩的他与许多人一起观看了气球升空的过程。到1937年为止，奥古斯特·皮卡尔德一直进行气球飞行，共计27次。

第一个深海潜水器

1937年，此时距他在芝加哥与贝比见面已经有很多年了，奥古斯特·皮尔卡德将他的注意力从大气高度转向了海洋深度，这也是他的"初恋"。他把设计FNRS-1的经验运用到这个最初的计划中，并设计了他称之为深海潜水器(Bathyscaphe，来自希腊语，意为"深处的船")的航行器。航行器制造的前期工作再次得到了比利时科研基金的资助，因此，皮卡尔德把他的第一个深海潜水器称为FNRS-2。

与贝比和巴顿的深海潜水球一样，深海潜水器的人工驾驶部分也是球形，由铁铸成。球体直径6.6英尺(2米)，重10吨(9公吨)，并拥有3.5英寸(9厘米)厚的球壁，它能承受每平方英寸1.2万磅(843.6 kg/cm^2)的压力。球体上系有一个长22英尺(6.7米)的巨大铁壁漂浮物，这个漂浮物实际就是一个水下飞艇或坚硬的气球而已。漂浮物里充满了庚烷——一种用于飞行器的高能汽油。

庚烷比水轻大约30%，所以漂浮物使航行器的浮力更大。当需要下沉潜水器时，球内的驾驶者只需将漂浮物中两舱之间的阀门打开。之后庚烷就会从舱中流出，海水流入，这样就会使航行器更重。漂浮物下面的桶框中，磁力强劲的电磁体吸附着满满两斗小铁球，合起来重达好几吨。如果潜水者想回到海面，他们只需切断控制磁体作用的电流。这时铁球从桶中漏出，深海潜水器重量减轻，很快漂浮物就会把潜水器提升到海面。

由于第二次世界大战的发生，皮卡尔德的深海潜水器工作被迫暂时中断，不过在20世纪40年代后期，他再次开始研究工作。1948年11月3日，FNRS-2进行了第一次无人深海潜水，地点是西非国家塞内加尔的达喀尔市周边的大西洋。这次潜水只到达了4600英尺(1394米)的深度，与皮卡尔德的预期相距甚远。虽然潜水器能够承受深海水压，但海面的巨浪却使漂浮物的薄壁受到了严重的损坏。皮卡尔德明白，在航行成功之前,潜水器的设计必须进一步改进。

的里雅斯特

媒体批评皮卡尔德 FNRS-2 在非洲测试中的"失败",而法国海军的代表却对这次测试印象深刻。1950 年,他们从比利时购入了 FNRS-2,在 FNRS-3 的名义下开始对它进行改装。起初,皮卡尔德在海军部担任顾问,但他与海军部官员相处得并不愉快,于是一年后他从海军部辞职。其余科学家完成了 FNRS-3 的改造,这个设备也创造了多项潜水纪录。

在这个时期,皮卡尔德已经有了一个重要的帮手——他的儿子雅克。这个从小观看父亲驾驶气球飞行的小男孩,在 1946 年获得了日内瓦大学经济学博士学位。博士毕业后,雅克在大学里教了两年书,但他的兴趣逐渐与父亲靠拢,他们一起分享对深海的热爱,直到 FNRS-2 测试期间,他辞去了教职,全部时间都与奥古斯特一起工作。

刚开始时,皮卡尔德父子困扰于没有足够的钱继续潜水器工作,但最终他们从瑞士和意大利的个人及团体那里,得到了足够的资金支持,从而能够开始建造一个新的深海潜水器。他们将它命名为"的里雅斯特"(Trieste),以此纪念向他们提供部分资金援助的意大利海滨城市。

"的里雅斯特"的球体部分由锻钢制成,因此它比 FNRS-2 的铸钢球体更坚固。球体上有若干圆锥体的视口,厚度达 6 英寸(15 厘米),宽度从外到内递减,从 16 英寸(41 厘米)减少到 4 英寸(10 厘米)。视口由树脂玻璃(甲基丙烯酸甲酯)制成,这是一种新型塑胶制品,在第二次世界大战期间发明,主要用于为飞机视口提供高清晰、防碎的遮盖物。贝比深海潜水球的窗户是由易碎、易燃的石英制成,与之相比,树脂玻璃就显得坚固得多。

"的里雅斯特"的漂浮物长 50 英尺(15 米),是 FNRS-2 的漂浮物长度的两倍还多。漂浮物构造坚固,并被分为 12 节,每节尾部为锥形,这样,当其中一节被损坏时,其他部分还可以保证完好。当航行器在海面时,边上的两节内部充满了空气,当潜水开始以后,为了让航行器下沉,它们里面就要充满海水。

1953 年 9 月 30 日,在意大利蓬扎(Ponza)海岸的地中海上,奥古斯特·皮卡尔德和雅克·皮卡尔德驾驶新潜水器进行了第一次水下航行,到达了 1.0335 万英尺(3151 米)的深度。这次创纪录的潜水也是 69 岁的奥古斯特的最后一次潜水。1954年,老皮卡尔德辞去了比利时的教职,回到了瑞士。

其他科学家: **雅克·伊弗斯·库斯托**
(Jacques-Yves Cousteau)

作为法国海军官员,雅克-伊弗斯·库斯托曾目睹1948年FNRS-2的试航。之后,他驾驶FNRS-3进行了潜水,FNRS-3是从FNRS-2改造而成的。他不断努力,获得了多种荣誉:他是一个机械发明家,他发明的器械极大地促进了水下探险;他还是一个探险家、作家和电视制作人,他的作品向数百万人展示了海洋的神奇和重要性。

1910年6月11日,库斯托出生于法国的圣安德烈-德屈布扎克(Saint-Andre-de-Cubzac),1936年他从防护镜中第一次看到了水下世界,从此就与海洋结下了不解之缘。他进行第一次重要潜水时,配备了水下呼吸器,或者叫水肺(自携式水下呼吸装置),即潜水者背上的空气供给罐。1943年,他和朋友埃米尔·加尼安(Emile Gagnan)一起完成了这个装置。有了它,潜水者就可以在水下自由移动,而且在水下可以停留较长的时间。

1950年,库斯托向美国海军购买了一艘扫雷艇,经过改造后,他把它命名为"卡吕普索"(Calypso)。一年以后,他乘"卡吕普索"号进行了第一次潜水,与此同时,他开始设计一艘小型潜艇——"茶托"(Soucoupe)。这艘潜艇可以进行水下操作,而且很小,一艘船足以装载,1957年,它进行了第一次测潜。以后的研究潜艇多以库斯托的设计为基础。

库斯托乘"卡吕普索"号探险的足迹遍布世界各地。他将这些经历拍摄成影片,或者创作成书,这些书、电影和电视节目都非常受欢迎。在晚年,他致力于环境和社会问题的预防,其中就包括海洋污染和核战争。1997年6月25日,库斯托去世。

加入海军

尽管地中海潜水取得了成功,但雅克·皮卡尔德还是许多年得不到资金支持,这样他也无法继续进行潜水器的开发。1955年左右,在伦敦举行的一次科学会议上,皮卡尔德遇到了在美国海军研究办公室工作的地质学家——罗伯特·迪茨(Robert Dietz)。在皮卡尔德描述了"的里雅斯特"的情况后,迪茨表现出来的热情与这个瑞士青年不相上下。回到美国后,一方面从对深海感兴趣的科学家之中,一方面在美国海军研究办公室内部,迪茨开始设法为深海潜水器获取支持。

随着美国与苏联军备竞赛(即冷战)的不断升级,美国海军官员对这种航行器的理念非常感兴趣,例如,它可以帮助他们了解深海中声音传播的方式。而这些信息有助于美国海军追踪苏联潜艇,窃听苏联船只与大陆的交流内容。

1957年夏,美国海军研究办公室在地中海赞助实施了"的里雅斯特"号的一系列潜水,以此来检测它的性能。美国海军研究办公室对皮卡尔

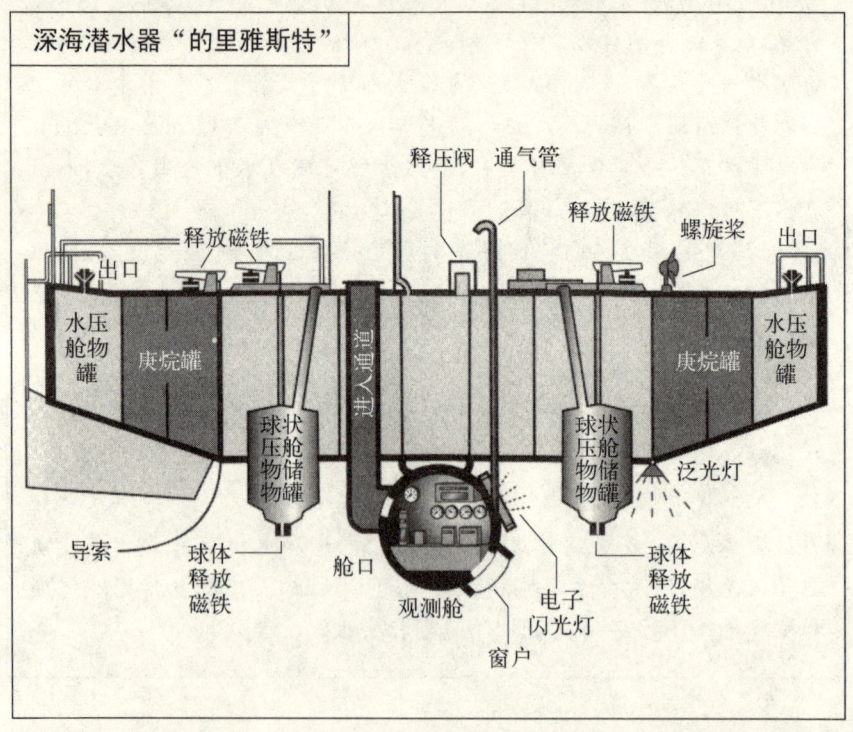

这幅图是"的里雅斯特"的结构图。底部的乘务球体(观测舱)被巨大的漂浮物牵引。漂浮物内填充的是庚烷,它比水的密度小,因此也更轻。当球体底部的铁质压舱物被倾倒出的时候,漂浮物就会把航行器提上海面。

高度和深度 **37**

德的展示非常满意，1958 年他们以 25 万美元购入了"的里雅斯特"，并准备将它运回美国。美国海军部承诺，在执行"特殊疑难潜水"时，可以让皮卡尔德驾驶这个深海潜水器。有了这个承诺，皮卡尔德同意以顾问的身份随这个潜水器一起到美国。

准备潜入最深处

1958 年 8 月，"的里雅斯特"号抵达位于加州圣迭戈的海军电子学实验室。此时，美国海军部正计划对深海潜水器进行最终的测试：潜入"挑战者深渊"的海底，此处位于马里亚纳海沟，英国研究船只"挑战者 II"号将它定义为世界海洋的最深点。(1875 年，"挑战者 I"号最早的站点之一即在此处附近建立。)海军部负责人了解到，为了在同样的地点进行潜水，法国正在建造 FNRS‐3 的替代物。同时有线索表明，苏联可能也有此打算。海军部官员称，如果实现目标，美国的威慑力将会大幅提高。

尽管"的里雅斯特"的压力舱比贝比的深海潜水球稍大，但它也只能容纳两人。在这次创纪录的潜水初期，海军部选任海军上尉唐纳德·沃尔什(Donald Walsh)为项目负责人，他是一个经验丰富的潜艇官员，安德里亚·兰奇尼泽(Andreas Rechnitzer)则担任首席科学家。然而，雅克·皮卡尔德并不打算放弃这次具有里程碑意义的探险。他声称，潜入世界最低点无疑是"疑难问题"的典型表现，因此他有权驾驶航行器。在多次争论之后，海军部同意让皮卡尔德代替兰奇尼泽进行潜水。

为了应付"的里雅斯特"所面临的最大挑战，海军部在德国建造了一个更坚固的球体。同时，海军部工程师把漂浮物增长了 8 英尺(2.4 米)，并把视口缩小到直径只有 2 英寸(5 厘米)，这个大小只能容纳一只眼睛。经过一系列的试潜后，1959 年 10 月，深海潜水器被运送到了西太平洋上的美军基地关岛。

水下珠穆朗玛

1960 年 1 月 23 日，"的里雅斯特"潜入的地点，被探险家‐海洋学家罗伯特·巴拉德(Robert Ballard)在《深海探险的个人史》(A Personal History of Deep-sea Exploation)中称之为"海洋中的珠穆朗玛峰"。就在前一天晚上，深海潜水器被运到关岛西南方大约 200 英里(322 千米)的潜水地点。汹涌的海浪敲打着航行器，一些部件被损坏了，要修复和更换还需要很长一段时间，但没有人想推迟开始时间。于是，在第二天凌晨，皮卡尔德和沃尔什通过漂浮物内的通道，进入了潜水器的压力舱。上午8点23分，他们开始下潜。

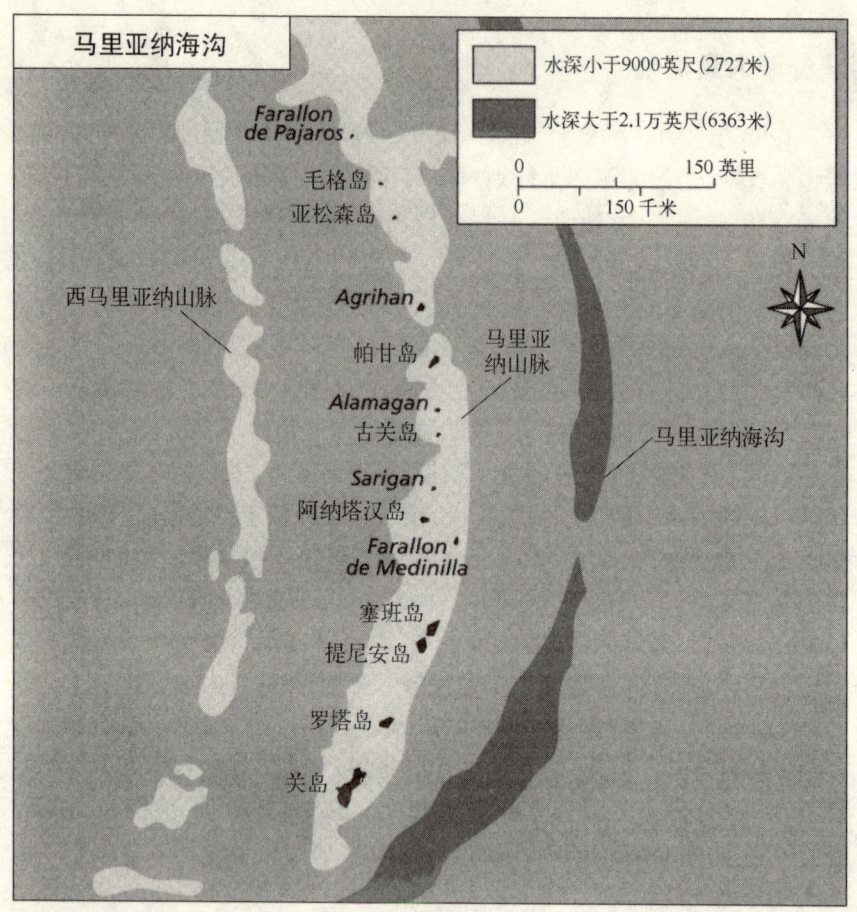

马里亚纳海沟，即"的里雅斯特"号破潜水纪录的地点，沿西太平洋中马里亚纳群岛的海岸线蜿蜒而行。海沟中的最低点，即"挑战者深渊"，大约在关岛西南200英里（322千米）处，而关岛则是马里亚纳山脉的最南端。

与海面上的暴风骤雨不同，下潜一开始，"一切都变得非常平静、非常美丽"，1984年皮卡尔德向记者简·桑德伯格（Jan Sundberg）说道。然而，当下潜到大约3.25万英尺（9848米）深的时候，皮卡尔德和沃尔什听到一声巨大的爆裂声。他们惊恐地检查潜水器上的报警信号。发现没有异常后，他们继续下潜。

下午一点，"的里雅斯特"到达了海底，此处深度为 3.5802 万英尺（6.8 英里，1.0912 万米），比珠穆朗玛峰还要高出 1 英里。航行器的回声探测器发出海底就在附近的信号，不久之后，深海潜水器就在一团浅灰色的软泥中着陆，这种软泥正是"挑战者"号探险家曾热情研究过的细小沉淀物。沃尔什之后说，被这些搅动的沉淀物包围就像"身处于一大杯牛奶中"。

深海潜水器刚刚着陆，皮卡尔德和沃尔什就报告说，他们看到一条 1 英尺（30.5 厘米）长的比目鱼，似乎是鳎或者鲆，就躺在他们附近的海底上。这只让人震惊的鱼起身，慢慢拍打着水游去。这时，皮卡尔德惊讶地发现，它竟然有眼睛，而这个深度阳光根本无法穿透。但是，之后科学家却对他们是否真的看到过一只鱼有争议。许多科学家认为，他们看到的动物实际上是海参，一种常出现于海底平原的原生生物。

从球体上方的视口观察登陆舱后，沃尔什明白了为什么他和皮卡尔德在潜水时总是听到噪音。登陆舱是连接球体和入口的通道，它的一个树脂玻璃有了裂缝。在他们进入球体并被密封以后，登陆舱已经充满了海水，不过情况显示，裂缝还不足以造成直接的危险。

在海底停留了 20 分钟之后，皮卡尔德和沃尔什将"的里雅斯特"的压载物或额外的重量——铁质小球，扔到了海里，然后开始上升。和下潜一样，他们的回归之路平静顺利。下午 4 点 56 分，深海潜水器回到了海面，他们在水下共停留了 8 个半小时。当他们从漂浮物的通道中出来的时候，喷气式飞机从他们头顶升空，机翼划过海面，海军部用这种方式向他们表示祝贺。

在皮卡尔德和沃尔什完成这次里程碑式的潜水后不久，总统德怀特·D. 艾森豪威尔（Dwight D. Eisenhower）对他们进行了表彰，授予皮卡尔德公共服务杰出贡献奖（Distinguished Public Service Award），授予沃尔什优质勋章（Legion of Merit）。1960 年，皮卡尔德获得西奥多·罗斯福杰出贡献奖，1970 年和 1971 年，法国艺术、科学和文学协会、比利时皇家地理学协会分别授予他金质奖章，1972 年，比利时政府授予他利奥波德勋章（Order of Leopold）。

寻找失踪的潜艇

"的里雅斯特"还进行了另一次重要的探险。1963 年 4 月 10 日，美国核潜艇 USS"长尾鲨"号（Thresher）在一次演习中失踪，失踪地点是马萨诸塞州 220 英里（352 千米）外的大西洋。没有人知道核潜艇发生了什么，也没有人知道潜艇上 129 个船员的情况。失事地点的海底有 8400 英尺（2545 米）深，在当时，这个深度只有"的里雅斯特"才能抵达。但是，"的里雅斯特"在"挑战者深渊"潜水之后已经退役了，不过海军部还是命令将它运到波士顿，把它放入海中来寻找失事潜艇。

1932 年，"的里雅斯特"号潜入了海洋中的最深处，即水下 3.5802 万英尺（几乎 6.8 英里，1.0912 万米）。图中是它正被吊离水中的情景。（美国海军，照片号 96801）

在经历多次失败后，8 月 18 日，"的里雅斯特"的驾驶员（既不是皮卡尔德，也不是沃尔什）终于发现了散落在海底的已经扭曲了的潜艇残骸。他们尽量驾驶这个笨重的潜水器，并拍摄了大量的残骸照片。此后调查人员断定，巨大的压力使海水从输送管上的裂缝渗入了潜艇，如此严重的破坏使潜艇不断下沉，最终到达"爆炸深度"并发生自爆。

完成"长尾鲨"潜水之后，"的里雅斯特"正式退役，被陈列在位于华盛顿的海军博物馆。1963 年末，性能更先进的"的里雅斯特Ⅱ"取代了"的里雅斯特"。1969 年，这次轮到"的里雅斯特Ⅱ"搜索另一艘失踪的海军潜艇——"蝎子"号(Scorption)，7月20日，它找到了具体位置。就在同一天，宇航员尼尔·阿姆斯特朗(Neil Armstrong)第一次登上了月球。1984年，"的里雅斯特Ⅱ"退役，它是最后一艘此类潜水器。

湾流之下

到1966年为止，雅克·皮卡尔德一直担任美国海军顾问。但实际上，在马里亚纳潜水后不久，他就回到了瑞士，并开始与父亲合作，制造一种他们称之为浅水探海艇，或者叫"中船"的航行器。浅水探海艇由奥古斯特·皮卡尔德设计，它的预期下潜深度只有2000英尺(606米)。不过正因为这样，它可以比深海潜水器更大、更舒适，里面有点像小型客机的机舱。

雅克·皮卡尔德向瑞士全国博览会的举办者提议，在即将举行的博览会上，用建造的浅水探海艇来搭载参观者参观日内瓦湖底的景色。主办方采纳了这个提议，1964年，博览会在洛桑举行。在此期间，浅水探海艇"奥古斯特·皮卡尔德"号共进行了1.3万次航行，搭载3.3万人穿越了300英尺(91米)深的湖水。1962年3月25日，老皮卡尔德在洛桑去世。

然而，雅克·皮卡尔德不仅仅把中船看作一个吸引游客的砝码。他向位于马萨诸塞州科德角的伍兹霍尔海洋学研究中心提议，利用浅水探海艇对流经美国东部的大西洋部分——湾流进行探测，以便研究深海洋流和其中的海洋生物。1968年，50英尺(15米)长的航行器——"本·富兰克林"号(Ben Franklin)完工，它的名字取自政治家、科学家富兰克林(1706—1790年)，富兰克林兴趣广泛，湾流也是他的兴趣之一。这个浅水探海艇有25个视口，每个角上都有一个机动化螺旋桨，能够推动中船上下前后移动。船的底部配有巨大的电池，能够保证水下工作数周所需的电量。

1969年7月14日到8月14日，皮卡尔德带领6个人完成了湾流探险，他们从佛罗里达的西棕榈海岸出发，最终到达加拿大新斯科舍(Nova Scotia)西南360英里(576千米)处。在整个旅行中，"本·富兰克林"号全程参与了潜水。这次探险所获颇丰，成果包括：数百小时长的磁带，海底声波定位图，数百张海底照片，以及描述浅水探海艇内日常生活的其他图片。

相关链接： 塞 翁 失 马

对美国海军部来说，"长尾鲨"号的失事不仅仅是船上人员死亡那么简单。"长尾鲨"号是军用最新的、也是最先进的核攻击潜艇。海军部必须知道潜艇沉没的原因，否则他们就不能建造相同型号的潜艇，因为他们担心由于同样的神秘原因这些潜艇可能再次沉没。就像威廉·J.布劳德（William J. Broad）在他的深海探险个人自传——《世界之下》(Universe Below)中所说明的，"长尾鲨"号的失事（国际社会广泛关注）极大地降低了美国的国际声誉以及冷战中美国的地位。

在"长尾鲨"号失事两周后，海军部部长弗瑞德·H.克尔斯(Fred H. Korth)任命58名专家组成小组，他们的任务是为海军部出谋划策，以便增加对深海的了解，从而提高海军在深海中的行动能力。在接下来的10年中，深海研究和月球登陆同样让科学家和政府官员兴奋。无论是政府机构（包括国际联合组织以及军队）还是私人企业，都花费了数十亿美元来发展用于深海的工具，比如潜艇、水下自动航行器、录像机、水下激光装置和其他工具。

这些工具中的很多都是由军队设计（或资助），其目的是，这些工具可能用于或实际用于间谍活动或其他冷战活动。在冷战持续时期，其中一些设备是机密性的。随着1991年苏联的解体，大多数工具的详细资料在20世纪90年代被公开。事实上，"长尾鲨"号失事所引发的海军部对深海的兴趣，不仅有利于国家安全，而且对海洋学的发展也有很大帮助。

具有冒险精神的三代人

雅克·皮卡尔德晚年的最大兴趣是保护海洋及其生态，以避免由人类活动所造成的污染、过度捕捞和其他危害。例如，在1984年简·桑德伯格所做的一次采访中，皮卡尔德就指出，将深海作为放射物质的倾倒场是非常危险的，这是因为科学家已经发现，洋流运动是在深海和海洋表面之间循环进行的。20世纪70年代，他成立了海湖研究保护基金会。

皮卡尔德也在继续进行潜艇的设计。他设计的三人潜艇——"羊皮纸"号(Forel)，在欧洲进行了 700 多次湖泊潜水，应用于工业、科学和救援各方面。他还发明了多种游客潜艇。2005 年，他在瑞士洛桑的郊区柯里(Cully)居住。

1958 年，皮卡尔德的儿子伯特兰(Bertrand)出生，他也在继续着家族的传奇——创纪纪录的航行。他回到了祖父曾深深热爱的大气层，并与英国副驾驶员布莱恩·琼斯(Brian Jones)一起，成为第一个驾驶气球进行不间断全球航行的人。这次航行历时 20 天，于 1999 年 3 月间进行。

在 1960 年 1 月的那次著名潜水中，奥古斯特·皮卡尔德和雅克·皮卡尔德的深海潜水器所创造的纪录(3.25 万英尺，9848 米)，后人可以追上却永远无法打破，这是因为，他们已经到达了世界海洋的最低点。此外，在《美国深海潜艇发展史》(The History of American Deep Submersible Operations)中，潜艇工程师威尔·弗尔曼(Will Forman)写道，皮卡尔德的深海潜水器"确立的潜艇设计的许多基本标准，至今仍在使用"。尽管如此，就像贝比的深海潜水球一样，深海潜水器事实上也是一个结束。虽然深海潜水器不再系铁索，但它们的灵活性仍然很差；罗伯特·巴拉德等评论家说过，深海潜水器不像真正的潜艇，更像一个升降机。潜水器上的窗户又小又厚，这使得海底观测变得很困难，而且驾驶员完全不能接触水下世界。如果要对深海潜水器曾到达的那个世界进行真正的探测，就需要一种非常不同的潜水器。

生平年表

1884 年	1 月 28 日，奥古斯特·皮卡尔德和他的双胞胎哥哥简-菲利克斯在瑞士巴塞尔出生
1906 年	奥古斯特·皮卡尔德开始思考建造航行器，进行深海探测
1907 年	皮卡尔德兄弟获得苏黎世联邦技术学院工程学博士学位
1907—1922 年	奥古斯特·皮卡尔德在苏黎世教授物理

1913 年	奥古斯特·皮卡尔德和简-菲利克斯·皮卡尔德开始进行气球航行
1914—1915 年	第一次世界大战期间,皮卡尔德兄弟在瑞士军队气球军团服役
1922 年	奥古斯特·皮卡尔德移居比利时布鲁塞尔,并在那里的大学教授物理 7月28日,皮卡尔德唯一的孩子,雅克·恩斯特-简出生
1930 年	奥古斯特·皮卡尔德完成了 FNRS-1,这是一个高海拔气船,拥有一个封闭舱
1931 年	5月27日,奥古斯特·皮卡尔德和保罗·基普弗驾驶 FNRS-1 从德国奥格斯堡起飞,从而成为到达平流层并成功返回的第一人
1932 年	8月18日,奥古斯特·皮卡尔德和马克思·考斯因斯乘 FNRS-1 在苏黎世的飞行,创造了新高度
1933 年	芝加哥世界博览会上,奥古斯特·皮卡尔德和威廉·贝比相遇,会上展出了皮卡尔德的气船舱和贝比的深海潜水球
1937 年	奥古斯特·皮卡尔德开始设计 FNRS-2
1946 年	雅克·皮卡尔德获得日内瓦大学经济学博士学位,并开始在那里任教
1948 年	11月3日,FNRS-2 在西非海域进行了第一次(无人)试航 雅克·皮卡尔德放弃教职,全部时间都与父亲一起进行深海潜水器的工作
1950 年	法国海军购买了 FNRS-2,并对它进行了改造,重新命名为 FNRS-3

1953 年	9 月 30 日，奥古斯特·皮卡尔德和雅克·皮卡尔德在意大利蓬扎海岸乘"的里雅斯特"潜入了 1.0335 万英尺（3151 米）深的海中，这也是"的里雅斯特"的第一次载人潜水
1954 年	奥古斯特·皮卡尔德从教学和活跃的潜水工作中退休，回到了瑞士
1955 年	雅克·皮卡尔德和美国地质学家罗伯特·迪茨会面，这次会面使罗伯特相信了深海潜水器在深海科学探测中的价值
1957 年	夏季，美国海军在地中海对"的里雅斯特"进行测试
1958 年	海军研究部购买了"的里雅斯特"，并将他船运到了美国 "的里雅斯特"在加利福尼亚的圣迭戈进行改造和升级
1959 年	10 月，"的里雅斯特"到达关岛
1960 年	1 月 23 日，"的里雅斯特"潜到海底中的最深点（3.5802万英尺，1.0912 万米） 雅克·皮卡尔德获得了公共服务杰出贡献奖和西奥多·罗斯福杰出服务奖 雅克回到瑞士
1962 年	3 月 5 日，奥古斯特·皮卡尔德在瑞士洛桑去世
1963 年	8 月 18 日，"的里雅斯特"发现了沉没的海军潜艇"长尾鲨"号的残骸 "的里雅斯特"被保存在位于华盛顿的海军博物馆 新的海军潜艇"的里雅斯特Ⅱ"投入使用
1964 年	在洛桑举行的瑞士全国博览会上，浅水探海艇"奥古斯特·皮卡尔德"号搭载旅客潜入了日内瓦湖
1966 年	雅克·皮卡尔德不再担任海军顾问

1968 年	潜水探海艇"本·富兰克林"完工
1969 年	7月14日—8月14日,"本·富兰克林"沿湾流进行水下航行 7月20日,"的里雅斯特Ⅱ"发现海军潜艇"蝎子"号的残骸
20 世纪 70 年代	雅克·皮卡尔德建立了海湖研究保护基金会
1984 年	"的里雅斯特Ⅱ"退役
1999 年	3月,雅克·皮卡尔德的儿子伯特兰和副驾驶员布莱恩·琼斯,成为乘气球不间断进行全球航行的第一人

扩展阅读

图书

罗伯特·D. 巴拉德,与威尔·海维里(Will Hively)合著,《无尽的黑暗:深海探险的个人史》(The Eternal Darkness: A Personal History of Deep-Sea Exploration),纽约,普林斯顿:普林斯顿大学出版社,2000年。其中一章是关于奥古斯特·皮卡尔德和雅克·皮卡尔德所设计的深海潜水器。

威廉·J. 布劳德(William J. Broad),《世界之下:发掘深海的秘密》(The Universe Below: the Secrets of the Deep Sea),纽约:Simon & Schuster,1997年。深海潜水器发展的相关内容,以及"长尾鲨"海难的有关信息。

威尔·福尔曼(Will Forman),《美国深海潜艇发展史,1775—1995》,亚利桑那州,弗拉格斯塔夫:最佳出版公司(Best Publishing Co.),1999年。其中一章是关于"的里雅斯特",并讲述了深海潜水器在推动美国潜艇发展方面的重要性。

奥古斯特·皮卡尔德,《大地,天空和海洋》(Earth, Sky and Sea),纽约:牛津大学出版社,1956年。记录了作者破纪录的几次气球飞行,以及深海潜水器的发明。

雅克·皮卡尔德以及罗伯特·S. 迪茨,《七英里之下:深海潜水器"的里雅斯特"的故事》(Seven Miles Down: The Story of the Bathyscaphe "Trieste"),纽约:Putnam,1961年。"的里雅斯特"的工作记录,主要描述了1960年潜入最深点的经历。

文章

《奥古斯特·皮卡尔德》,刊载于《科学家:他们的生平和著作》(Scientists: Their Lives and Works),第1—7卷,密歇根州,法明顿:汤姆生盖勒,2005年。奥古斯特·皮卡尔德和雅克·皮卡尔德的传记梗概。

海伦·菲尔兹(Helen Fields),《一个瑞士家族的三顶王冠》,刊载于《美国新闻&世界报道》第136期(2004年2月23日),第79页。描述了皮卡尔德家族的三代人,奥古斯特、雅克和伯特兰的丰功伟绩,他们在大气高度和海洋深度两方面都进行了创记录的探险。

简·桑伯格(Jan Sundberg),《雅克·皮卡尔德访谈》,全球水下研究小组,网址:http://user.bahnhof.se/~wizard/GUSTeng03/artiklar_jacques_piccard.html。2005年6月7日访问。1984年进行的采访,主要关注1960年的"挑战者深渊"探险,不过也讨论了海洋威胁问题。

4

永远无法愈合的伤痕

——布鲁斯·希森、玛丽·萨普和绘制海底地图

    制作普通地图是一份相对容易的工作。对于将要绘制的那片土地，创作者可以亲自走过，可以驱车前往，也可以从空中俯瞰。通常情况下，他们能够看到版图界限，然后进行测量，这个过程通常也不难。但海底制图就不会这么幸运了。他们的研究对象被成百甚至上千英尺的海水覆盖。如果让所有的海水都消失，制图将会方便得多。但是，科学和想象发生怎样的化学作用才会出现这种情况呢？

    20世纪五六十年代，在纽约哈得孙河附近的一幢改建过的公寓内，科学家们绘制了第一幅世界海底地图，这个地图显示了在没有海水的情况下，海底所呈现的样子。在地图绘制的筹备过程中，研究者发现了地壳的新特征，从而使科学家对地壳形成和变化方式的看法发生了改变。这次绘图的小组负责人就是布鲁斯·希森（Bruce Heezen）和玛丽·萨普（Marie Tharp）。

从化石到海底山脉

    1947年初，当时雅克·皮卡尔德还在准备潜水器的第一次试航，正是这个潜水器后来潜入了世界海洋的最低点，此时布鲁斯第一次被海底深度的魅力深深吸引。1924年4月11日，希森出生于衣阿华州文顿市，在这个州的马斯卡廷市，他们家有一个火鸡农场，他就是在那里长大的。1947年，作为衣阿华大学的三年级学生，当时他正考虑是否主修古生物学（研究化石），这时他参加了纽约哥伦比亚大学地质学教授莫瑞斯·尤

因（Maurice Ewing）的演讲。那次演讲以及之后与尤因的私人会面，改变了希森的职业规划。

尤因在当时已经是海底地质学的权威。他在众多大学讲学，为的是寻找有前途的学生参与他的探险——最好不要报酬。希森正符合尤因心目中的新人形象，因为据大卫·M.劳伦斯（David M. Lawrence）《深渊中的剧变》描写，尤因曾问他："年轻人，你想去大西洋中脊探险吗？那里有许多山，但我们却不知道山体的走势。"大西洋中脊是巨大的水下山脉链，它像一条无形的脊椎一样，在大西洋的中心蔓延。虽然"挑战者"号探险及其他探险活动都曾勘测过此地，但人们对它的了解仍然很少。

希森接受了尤因的邀请，并且将专业改为地质学。1948年春，获得地质学学士学位后，在马萨诸塞州科德角的伍兹霍尔海洋学中心，希森终于与尤因会合。在他们准备大西洋中脊探险期间，希森帮尤因设计了好几个水下录像机，这件事让尤因印象深刻。在之后的探险过程中，当尤因不得不离开的时候，他告诉希森，让他代替自己出任首席科学家，继续完成余下的旅行，这让这个年轻人惊讶不已。

那年秋天，希森在尤因的指导下开始研究生学习，并于1952年获得文学硕士学位，1957年获得哲学博士学位。1948年12月，希森刚到哥伦比亚大学几个月后，他和尤因以及相关的科学家，一起到了纽约帕利瑟得悬崖（Palisades）上的一幢公寓，此地位于哈得孙河的西岸，与哥伦比亚大学校园只有20英里（32千米）之遥。这幢公寓是银行家汤姆生·拉蒙特（Thomas Lamont）的遗孀捐赠给哥伦比亚大学的，经过改造后，尤因将这个新研究中心称

图中人物是哥伦比亚大学拉蒙特地质学观测站（后来的拉蒙特-多尔蒂地球观测站，现在属于地球学院）的布鲁斯·希森，在20世纪50—70年代期间，他和玛丽·萨普一起，制作了那个时代最完整、最易懂的世界海洋地图。在这个过程中，他们发现了新的地质特征，从而完全改变了科学家对于地壳形成和消亡方式的理解。

之为拉蒙特地质学观测站。这个研究中心之后易名为拉蒙特-多尔蒂（Lamont-Doherty）地球观测站，现在属于哥伦比亚地球学院。

战争带来的职业

到20世纪50年代初为止，尤因、希森及其他科学家已经收集了大西洋海底的大量数据。将这些数据转化为地图的人是玛丽·萨普。

地图是萨普家族遗产的一部分。她的父亲威廉·埃德加·萨普（William Edgar Tharp），是美国农业部的土地测量员，也是一位地图绘制师。1920年7月30日，玛丽·萨普在密歇根的伊普西兰蒂出生，此后由于父亲的工作需要，他们的住址频繁变更，几乎遍布了全国。

莫瑞斯·尤因博士，在伍兹霍尔海洋学研究中心开始了他的职业生涯。之后，他建立了拉蒙特地质学观测站（现在是哥伦比亚大学地球学院的一部分），并担任领导。他发明的设备、他领导的研究旅行以及他训练的科学家，都对20世纪中期海洋学革命的发生有重要帮助。

威廉·萨普告诉女儿，要选择自己真正喜欢的事情作为职业。玛丽进入位于雅典（Athens）的俄亥俄州立大学，这时玛丽并不确定自己想做什么，但她知道那肯定不是教师、秘书或护士，而这些是那个时代仅有的几个向女性开放的职业。最终她选择了英语和音乐，并于1943年毕业。

玛丽·萨普经常说，她选择地质学作为职业应该归功于珀尔·哈伯（Pearl Harbor）。1941年，日本袭击夏威夷军事基地，这个事件将美国卷入了第二次世界大战，青年男子纷纷走出大学和工厂，加入了军队。本来理科学生可以接管士兵留下来的工作，但他们的入伍让这种希望落空，于是许多高校和大学院系第一次向女性敞开大门。密歇根大学地质系就是其中之一，它不仅为女性学生提供学历，而且当完成课程的学习后，她们还可以在石油公司获得一份工作。于是，萨普和另外9名年轻姑娘一起进入了大学。

其他科学家： 莫瑞斯·尤因(1906—1974年)

正是威廉·莫瑞斯·尤因和拉蒙特地质学观测站其他科学家的不懈努力，才造就了以下的各种成就——布鲁斯·希森和玛丽·萨普所绘制的海底地图大部分数据都来自于他们，引起20世纪60年代地球科学"革命"的板块构造理论，其基础也是他们所收集的数据，这种理论对地壳形成和变化方式提出了新的观点。尤因强调，自己研究船应该几乎不间断地出海，船上的男人(他不允许女性参与航行)则要24小时处于待命状态。而其中最努力的就是尤因自己了。

1906年5月12日，尤因出生于得克萨斯州洛克尼(Lockney)的一个穷人家庭。他获得奖学金进入休斯敦的莱斯学院(现在的莱斯大学)，1926年他从这里毕业，并获得了数学和物理学的双学位。1927年和1930年，还是在莱斯大学，他先后获得了物理学的硕士学位和博士学位。

在20世纪30年代，尤因经常乘研究船，如伍兹霍尔海洋学中心的"阿特兰蒂斯"号进行航行。在这些探险中，他发现不同地方的海底，其重力也不相同，这说明海底所包含的岩石种类存在着差别。在第二次世界大战期间，尤因对水下声音传播方式的研究，直接导致了侦测波方法的发现，这种方法被应用于远距离潜艇勘测。

1944年，尤因加入哥伦比亚大学地质学系。1949年，他建立了拉蒙特地质学观测站，从建立之日起一直到1972年，他一直担任这个观测站的负责人。同时，他也一直在伍兹霍尔海洋学中心进行研究工作。

在20世纪50—60年代期间，尤因和他的研究小组乘拉蒙特的研究船"魏玛"号(Vema)收集了海底数据，他们的研究途径有两种：回声定位(向海底发送声波并对回声的数据进行记录)，或地震绘图(从海面上向海底投射炸药，记录爆炸的回声)。在1947年的一次测试中，尤因发现海底熔岩层比大家想象的要薄很多，与此相对应的是，它们所包含的化石都是在最近的地质时期形成的。事实证明，这个发现对那些研究海底形成的科学家是非常有价值的。

1972年，尤因离开了拉蒙特，开始在加尔维斯顿(Galveaton)的得克萨斯州立大学任教。1974年5月4日，他因中风去世。

1944年,萨普获得地质学硕士学位,并进入俄克拉何马州塔尔萨的斯塔诺林德(Stanolind)石油天然气公司工作。她发现,她不被允许进行田野作业,而其他同样毕业于地质系的男生则可以。她和所谓的公司职员并无差别,仅仅是坐在办公室,收集男性职员发来的数据。即使她取得了塔尔萨大学的数学第二学位,她在公司里的地位也依然没有得到提升。1948年,就在她获得数学学位的同一年,她离开石油公司来到了纽约,希望在这里能够找到一份研究员的工作。

萨普求职经历的地点之一就是哥伦比亚大学,在这里她与莫瑞斯·尤因相遇。萨普向大卫·劳伦斯描述道,对于一位背景如此不寻常的女性,他这个地质学先锋"不知道该怎么办","最终他脱口而出'你能绘图(精密性、技术性的画图)吗?"萨普说可以(她曾在密歇根大学兼职绘图),然后尤因就雇佣了她,让她做研究助理。

新式地图

起初,在尤因的实验室,玛丽·萨普有求必应,帮助了很多大学生。不过,布鲁斯·希森对她的制图情有独钟,很快玛丽就被任命为他的个人助手。在希森的一生中,他们一直是专业上的好搭档,生活中的亲密朋友。

1952年,希森和萨普开始绘制世界海底地图,这也成为他们的主业。传统的海底地图——显示他们存在的范围——一般是等高线地图,即标示不同地貌的高度。然而,在20世纪50年代的冷战中,美国政府声称,苏联潜艇可能会利用海底的等高线地图,所以他们将此类地图作为机密,禁止任何人制作和出版。

制作标准图受阻,希森决定取而代之制作地形学地图,这种地图显示了如果将海水退去,从上方俯瞰海底时的情形。他以北大西洋西部为例,绘制了一幅简单的草图,然后让萨普继续完善这个理念。萨普告诉大卫·劳伦斯,与等高线地图相比,这种地图是一种更好的选择,因为"有了它,海底许多的纹理结构都可以知道"。与等高线地图可能达到的效果相比,它还"可以向更大范围的观众展示海底世界"。

为了制作地图,尤因、希森等人需要在北太平洋的不同区域进行探通术(测量深度),然后萨普必须将这些数以千计的数据转化为大洋一边到另一边的六横断面或横截面。萨普和助理赫丝特·哈琳（Hester Haring）一起，将所测的深度与探通术实施时研究船的位置相对应，从而形成了某一经度某一纬度的测量部分。然后，以相同的比例进行绘制，就形成了海底不同部分的纵剖图。之后进行核对（有时候需要重新绘制），最后，萨普把所有部分按照从北到南、从西到东的顺序进行整合，这就像玩七巧板一样，最终拼出来的就是横断面地图。

"不可能"

当萨普把横断面地图拼起来的时候，她注意到有些异常：大西洋中脊的北部看起来似乎是两列平行的山脉，二者中间隔着狭长的山谷。大卫·劳伦斯的书中写道，尽管 V 字形的山谷在南段不太明显，但她仍然可以看到它就像"大峡谷一样深，但却宽广得多"。这个峡谷让萨普想到了在东非发现的大裂谷。1953 年她把完成的地图交给了希森，并提议说，大西洋中脊可能有一个峡谷。不过，希森否定了她的提议。希森后来向《纽约人》的科普作家威廉·沃藤贝克（William Wertenbaker）说道，"我轻蔑地把它看成了妇人之见，直到一年后才相信了它的正确性。"

萨普向大卫·劳伦斯回忆说，当她向希森提出海底峡谷的猜想时，他沉吟道："不可能。它看起来太像大陆漂移了。"大陆漂移理论是德国地质学家（气象学家）阿尔弗雷德·韦格纳在 1912 年提出的理论。韦格纳声称，地球的板块最初是一块巨大的大陆，他命名为"联合古陆"（Pangaea）。韦格纳说，2000 万年前，联合古陆已经开始分裂。而新的大洋，如大西洋，就在各个分离的板块之间形成。昔日超大陆（supercontinent）的残余，即今天的大陆，仍然在地壳上缓慢地移动，就像在液体岩石组成的海上漂移的冰山一样，而这些液体岩石正是组成地幔的成分。韦格纳预言，地壳上大陆相互分离的地方，最容易出现深的裂缝或者峡谷。

20 世纪 50 年代，大多数地质学家都反对韦格纳的理论。他们反对的主要原因是，韦格纳无法解释两点：一、是什么力量使大陆如他所描述的那样移动；二、如果大陆挤压海底，怎样才能防止它们被破坏。

环绕地球的伤痕

尽管希森否定了她的提议，但玛丽·萨普却对大西洋中部峡谷的存在确信不移。不久后，支持她这个信念的证据就出现了，即在她不远处的一份表格。

当萨普忙于整理横断面地图的时候，一个大通信公司的研究机构——贝尔实验室，邀请希森追踪观测横跨大西洋的电话和电报光缆的中断，并将之与海地地震震中的数据进行比较分析。这个公司正计划架设新的海底电缆，因此它希望知道地震对电缆破坏的可能性有多大。希森将此任务中的地震绘制部分交给了一个研究生——霍华德·福斯特（Howard Foster）来完成，并嘱咐他，标注地震时所用的距离比例要与萨普的一致。

福斯特的绘图工作台就在萨普的隔壁，1954年的某一天，萨普注意到福斯特的地震图和自己的海底峡谷图惊人地相似。而且，事实证明，由另一位同学所绘制的光缆中断图和前面的两幅图也非常吻合。这些地图的重叠使希森最终相信，萨普是正确的，海底峡谷是确切存在的。

1955年期间，通过对印度洋、红海、阿拉伯海、亚丁湾和东太平洋的考察，希森、尤因和萨普找到了证据证明，所有海洋的海底山脉都纵向分布着由地震所造成的峡谷。此外，很明显，印度洋地震带与向东非延伸的峡谷相连接。萨普之后向大卫·劳伦斯说道，这个事实只能说明一个问题，"连续的山脉群及其中部峡谷应该是地球表面的一个特征"。

大洋中脊是一个山脉群，大概4万英里（6400千米）长，宽500多英里（800千米），最高峰达1.5万英尺（4545米），它就像棒球上弯曲的接缝一样，蜿蜒横穿每个大洋，它也是这个星球上最大的地质特征。现在，希森认为，山脉中的峡谷是一种地球裂缝，即当火山运动把热的熔岩从深层地幔中挤压上来的时候，就形成了新的地壳，这些地壳中的裂缝就是峡谷。他将这些峡谷称作"永远无法愈合的伤痕"。

在1956年美国地质学联盟的一次会议上，尤因率先描述了地球的中脊和裂谷系统。而在1957年普林斯顿大学的另一个会议上，希森也提出了相同的论断。这些都证明了,长期被否决的韦格纳理论至少有一部分是正确的,这个发现使地质学家目瞪口呆。在普林斯顿大学的会议之后,该校地质学系系主任哈里·哈蒙德·赫斯(Harry Hammond Hess)这样对希森说,"年轻人,你撼动了地质学的基础!"

1912年,德国气象学家阿尔弗雷德·韦格纳提出,地球的所有大陆曾经是一个整体,即联合大陆("全陆地"),它被一个海洋(泛大洋,"整海")包围,然后才逐渐分离。对于韦格纳的大陆漂移理论,尽管地质学家反对其中的大部分,但却接受了它的一个理念,即一整个古大陆块。这些图表明了由联合大陆分裂成今天大陆的过程。

> **其他科学家： 阿尔弗雷德·韦格纳(1880—1930年)**
>
> 地质学家之所以反对阿尔弗雷德·韦格纳的大陆漂移理论,韦格纳非地质学家的身份是原因之一。韦格纳1880年11月1日出生于德国柏林,1904年获得天文学博士学位,他大部分的职业生涯都是以气象学家的身份度过的。他曾写过一本关于大气层的教科书,虽然此书受到极高评价,但地质学家并不认为从此他就有权利对地球的过去进行玄想。
>
> 尽管如此,韦格纳确实是在玄想,这大约开始于1910年左右。但另一方面,他也注意到,南美洲的东海岸看起来似乎可以嵌入非洲的西海岸,就像七巧板中相邻的两块一样。他也查阅了相关研究成果,报告显示,虽然二者中间横亘了浩瀚的大西洋,但这两个大陆却拥有相同的动物化石。以这些和其他证据为依据,他断定,这两个大陆以及地球的其他大陆曾经是一个完整的大陆块,经过几百万年的时间,它们逐渐分离。1912年,他开始四处演讲宣传这个理论,即大陆漂移理论。在第一次世界大战期间,他在战争中不幸负伤,康复后他开始将这个理论整理成书,即《大陆和海洋的起源》(The Origin of Continents and Oceans)。1915年,此书出版,并在20世纪20年代多次再版。
>
> 尽管几乎所有的地质学家都反对韦格纳的理论,但韦格纳却不能回应他们的责难了。1930年11月,在一次研究极地洋流的探险时,在为被围困的同伴运送食物途中,韦格纳遇上了暴风雪,最终被冻死在格陵兰。没有了韦格纳,大陆漂移理论也好像要被冻结在同时代科学家的一片轻蔑声中,幸好还有一些支持者,例如英国地质学亚瑟·霍姆斯(Arthur Holmes),他们的支持使这个理论保持了活力,直到20世纪五六十年代,新一批的研究者出现,并意外发现了能证明这个理论的新证据。

艺术品

与此同时,希森和萨普继续进行海底绘制。另外,在准备了北大西洋的深度纵剖图之后,萨普利用所掌握的信息,制作了模拟海底情形的三维草图。她和希森多次进行修正和改善。他们以一个特定区域的绘图为标准,当他们觉得其他部分一样令他们满意了,最终的地图才真正出炉。

1957年,贝尔电话系统出版了萨普和希森的北大西洋地图,两年以后,美国地质学协会在更大的范围内再版发行了此地图。在地图中,大西洋中脊和峡谷的图片非常醒目,因为它们几乎占了海底的1/3,而事实也证明,这个地图非常畅销。

1961年,另一幅地图——南大西洋地图也出版发行。这个地图表明,位于东非和南美之间的海底山脉,其形状和东非、南美这两个"七巧板"完美地契合。三者不仅契合,轮廓也是平行的,这种现象的唯一解释就是,正如韦格纳所声明的那样,它们曾经是连为一体的。

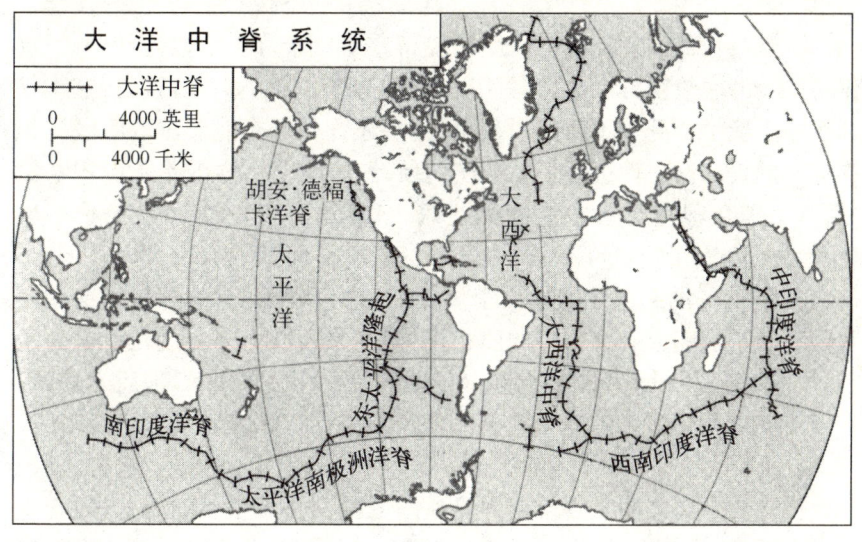

20世纪50年代,玛丽·萨普、布鲁斯·希森和莫瑞斯·尤因指出,就像棒球上的接缝一样,在世界大洋的海底,蜿蜒着一条几乎连续的山脉-峡谷系统,他们将之称为大洋中脊。

1963年,萨普和希森完成了他们的第三幅地图——印度洋地图。和之前一样,这幅地图也是黑白两色,但《国家地理》(National Geographic)杂志的编辑决定,它们希望有一个彩色的版本。因此,他们雇佣了澳大利亚画家海因里希·伯兰(Heinrich Berann)与萨普和希森一起合作完成此图。1967年10月,《国家地理》出版了全彩色地图。在接下的8年中,萨普、希森和伯兰一起,制作了其余海洋的彩色地形学地图,这些地图全部由《国家地理》杂志印刷发行。最后,他们把所有的作品集结成一,命名为《世界海底》(The World Ocean Floor),1977 年《国家地理》出版了这幅地图。

玛丽·萨普这样对大卫·劳伦斯说,《世界海底》"使科学家和普通大众……第一次对地球的一个巨大部分有了一个相对真实的印象"。劳伦斯自己则认为,事实不止这样。在《麦卡托的世界》(Mercator's World)的一篇文章中,他写道:这幅地图"是一个令人感动的艺术品,它使观众激起了神秘和未知的感觉,唤醒了伟大的探险者"。

不仅是绘图员

尽管与玛丽·萨普的合作绘图使布鲁斯·希森声名远扬,但他不仅仅是一个海底绘图员。他发明了新的海底研究仪器,如一种设备,它不仅拥有一个能承受巨大水压的照相机,而且还连接一个能够提取海底沉积物样本的提取器。他进行了无数次的航行来研究浊流,即水下沉积物之"河",正是它塑造了各个大陆的边缘。1971,他与查尔斯·D. 哈洛威(Charles D. Holloway)一起创作了《深海的面貌》(The Face of the Deep),这是一本描述性的地质学著作,其中包含了数百幅照片,这些照片要么来自从船上放入水中的照相机,要么来自载人或自动化潜艇的照相。1973 年,美国地质学协会授予希森"库鲁姆"(Cullum)地质学奖章,1977 年,美国地质学联盟又授予他"沃尔特·布切尔"(Walter Bucher)奖章。

虽然希森和玛丽·萨普在世界地图上曾灌注了很多的心血,但希森并没有活着看到世界地图的出版。他曾在海军部担任了几年深海潜艇发展顾问,1977 年初,就在他和萨普向《国家地理》递交了世界地图样稿后不久,他登上了海军部的第一艘核动力潜艇 NR-1,从冰岛出发开始了雷克雅内斯海岭(Reykjanes Ridge)探险之旅。1977 年 6 月 21 日,希森突发心脏病去世,这时他正准备潜入海岭进行勘测。1999 年,为了纪念希森,海军部将一艘调查研究船以他的名字命名。

玛丽·萨普一直为拉蒙特观测站工作,直到 1983 年退休,此后她开始在纽约奈阿克(Nyack)的家中进行私人的制图和咨询工作。由于一直受到布鲁斯·希森科学声望的遮蔽,无论是大西洋中脊峡谷的发现,还是海底地形学地图的绘制,萨普都没有受到应有的赞誉。不过,在 1997 年

11月，这个遗憾得以稍微的弥补，国会图书馆称誉萨普是为绘图做出突出贡献的四人之一，并对她进行了表彰。1999年，为庆祝国会图书馆地质学和图片部建立100周年，图书馆再次表彰了萨普的贡献。同年，伍兹霍尔海洋学中心女性部授予萨普女性海洋学先锋的称号，2001年，萨普成为拉蒙特-多尔蒂地球观测站授予的第一个传统奖得主，表彰"她作为一个海洋学先锋，作为在当时如此男性化的领域中的先锋女性，毕生所做的贡献"。1978年，国家地质学协会授予希森（已去世）和萨普"哈伯德"（Hubbard）奖章。

与萨普和希森的地图相比，今天的海底地图更加详细和准确，但对那个时代来说，他们的地图提供了最好的海底地质学信息汇编。这些地图也为大陆漂移理论提供了新的证据，同时它们也刺激其他科学家进一步研究这个曾被遗弃的理论。在《深渊的巨变》中，大卫·劳伦斯写道，"《世界海底》地图打开了科学家和公众的眼睛，从此他们开始以一种全新的方式看待地球"。

生平年表

1912年	德国气象学家阿尔弗雷德·韦格纳提出大陆漂移理论
1919年	7月30日，玛丽·萨普在密歇根州伊普西兰蒂出生
1924年	4月11日，布鲁斯·希森在衣阿华州文顿市出生
1943年	萨普取得俄亥俄州立大学英语和音乐学士学位
1944年	萨普获得密歇根州立大学地质学硕士学位 萨普进入俄克拉何马州塔尔萨的斯塔诺林德石油天然气公司工作
1947年	在听了莫瑞斯·尤因的演讲之后，希森开始对海底地质学产生兴趣
1948年	希森获得衣阿华大学地质学学士学位 春季，希森跟随莫瑞斯·尤因进行探险，并在探险后半部分担任首席科学家 萨普获得塔尔萨大学的数学学位

	萨普离开斯塔诺林德公司，到纽约寻找研究员的工作 尤因雇佣萨普担任研究助理 尤因、希森、萨普和其他科学家搬入拉蒙特公寓，并在12月建立了拉蒙特地质学观测站
1952年	希森获得哥伦比亚大学地质学硕士学位 希森决定绘制世界大洋海底的地形学地图 萨普开始为北大西洋横断面地图准备
1953年	萨普向希森提议，在大西洋中脊的中心有一个峡谷存在；希森否定了这个提议，因为这个提议似乎符合了大陆漂移理论，而那个时代的大多数地质学家都不同意这个理论
1954年	萨普发现，几乎所有的海底地震震中都位于她所提出的峡谷所在地 地震的证据使希森相信海底峡谷的存在
1955年	希森、尤因和萨普收集了证据证明，有一个连续的洋脊-峡谷系统环绕地球，穿过每个大洋
1956年	尤因在美国地质学联盟的一次会议上描述了大洋中脊
1957年	希森在普林斯顿大学的会议上提供了相同的信息，他被评价为"撼动了地质学的根基"，因为中脊的存在为板块漂移理论提供了令人信服的证据 希森获得哥伦比亚大学地质学博士学位 希森和萨普绘制的北大西洋地形学地图出版
1959年	北大西洋地图在更大范围内再版
1961年	南大西洋地图出版，清晰地显示了非洲、南美洲和大西洋中脊之间形状上的联系
1964年	印度洋地图出版
1967年	10月，《国家地理》出版了印度洋地图的彩色版，此图由澳大利亚艺术家海因里希·伯兰上色绘制

1971 年	希森与查尔斯·D. 哈洛威合作出版了《深海的面貌》,里面的图片第一次展示了原生状态中的海底生物
1977 年	6 月 21 日,在一次潜艇航行中,希森心脏病发去世《国家地理》出版了萨普、希森和伯兰绘制的世界海底彩色地图
1978 年	国家地质学协会授予希森和萨普"哈伯德"奖章
1983 年	萨普从拉蒙特-多尔蒂地球观测站退休
1997 年	11 月,国会图书馆评誉萨普是为绘图做出突出贡献的四大人物之一
2001 年	拉蒙特-多尔蒂将它第一个传统奖授予给了萨普

扩展阅读

书籍

芭芭拉·查尔顿(Charton Barbara),《海洋科学家,从 A 到 Z》(A to Z of Marine Scientists),纽约:Facts on File,2003 年。包含了布鲁斯·希森、玛丽·萨普、莫瑞斯·尤因和阿尔弗雷德·韦格纳的生平梗概。

布鲁斯·D. 希森和查尔斯·D. 哈洛威,《深海的面貌》,纽约:牛津大学出版社,1971 年。描述性的地质学著作,包含了上百张海底照片,第一次揭示了深海生物的原生态状况。

大卫·M. 劳伦斯,《深渊中的巨变:海底绘制和地球科学革命》(Upheaval from the Abyss: Ocean Floor Mapping and the Earth Science Revolution),新布伦兹维克:罗格斯大学出版社,2002 年。描述了 20 世纪中期海底绘制方面的成就,并进一步揭示了这些成就如何导致板块构造理论作为地壳形成和消亡方式的解释而被广泛接受。

威廉·沃藤贝克(William Wertenbaker),《海底:莫瑞斯·尤因对地球的探索》(The Floor of Sea: Maurice Ewing and the Search to Understand the Earth),波士顿:布朗出版公司,1974 年。以尤因的职业生涯为主,也包括了希森和萨普的一些材料。

文章

《以阿尔弗雷德·韦格纳的著作为基础,对板块构造理论的简要介绍》,伊利诺伊州立大学。在线查询：http：//www.uxl.eiu.edu/-cfips/1300/cont_drift.html。2005年12月5日访问。为了证明板块漂移理论，即今天板块构造理论的前身，1915年阿尔弗雷德·韦格纳所提出的相关证据和图解。

《布鲁斯·希森》，《当代作家连线》(Contemporary Authors Online)，密歇根州法明顿希尔斯市：汤姆生·盖勒出版公司，2005年。希森生平的简短记录，附有其作品和地图。

莫瑞斯·尤因和布鲁斯·希森，《大西洋中脊地震带》，刊载于《美国地质学联盟学报》第37期(1956年)，第343页。学术性文章，论证了大西洋地震震中沿大西洋中脊的中心而分布。

大卫·M.劳伦斯，《水下山脉》，刊载于《麦卡托的世界》4(1999年11月)，第36页。关注玛丽·萨普海底地图的绘制，和她对大西洋中脊峡谷的发现

劳伦斯·利普赛特(Laurence Lippsett)，《莫瑞斯·尤因和拉蒙特-多尔蒂地球观测站》，刊载于《哥伦比亚校友杂志》，2001年冬。在线查询：http：//www.columbia.edu/cu/alumni/Magazine/Winter2001/ewing.html。2005年5月31日访问。很长的一篇文章，描述了尤因的职业、成就及对海洋学的贡献。

《玛丽·萨普》，刊载于《世界传记百科全书》(Encyclopedia of World Biography)第二册，密歇根州法明顿希尔斯市，盖勒研究出版社，1998年。萨普生平和成就的简单介绍。

《玛丽·萨普：海底制图先锋》，哥伦比亚地球所。在线查询：http：//www.earthinstitute.columbia.edu/library/TharpMapping.html。2005年5月31日访问。此网站包含了希森和玛丽绘制的北大西洋海底地图和世界海底地图，同时也有同一区域的更早和最近的地图。

《玛丽·萨普：海底制图先锋》，在线查询：http：//www.earthinstitute.columbia.edu/library/MarieTharp.html。2005年5月31日访问。有各种照片，包含了萨普、布鲁斯·希森，以及与萨普工作相关的其他人。

5
创造与破坏
——哈里·赫斯和板块构造理论

1957年,当听到布鲁斯·希森对大洋中脊及其峡谷的描述时,哈里·赫斯,这位新泽西普林斯顿大学地质学系的负责人惊叹道,"年轻人,你已经撼动了地质学的根基!"在以后的几年中,赫斯本人提出了解释地壳变化方式的新理论,从而成为地质学根基重建过程的领路人。他的理论,即板块构造理论,彻底颠覆了科学家对地球的理解方式。

山脉

哈里·哈蒙德·赫斯(Harry Hammond Hess),1906年5月24日出生于纽约城,在密歇根州的阿斯伯里帕克(Asbury Park)长大。他的母亲是伊丽莎白·赫斯,父亲朱利安·赫斯是纽约证券交易所的一名职员,他们家境富足,生活优越。

1923年赫斯进入耶鲁大学。开始时他主修电力工程,后转入地质系,并在1927年获得该专业的学士学位。之后两年,他在罗得西亚(今天的赞比亚)北部的英美矿业担任地质勘测专家。

回到美国后,赫斯开始在普林斯顿大学攻读研究生课程,并最终在1932年获得哲学博士学位。毕业后他在新泽西州的罗格斯大学任教一年,之后又在位于华盛顿的卡内基研究院(Carnegie Institustion)的地质实验室进行了一年的研究。1934年,他与安妮特·彭斯(Annette Burns)结婚,同年,赫斯成为普林斯顿大学的一名教师,并在这里度过了一生。他在1950年到1956年间担任普林斯顿大学地质学系主任。

哈里·赫斯，1950—1966年间担任普林斯顿大学地质学系主任，他所提出的海底扩张理论，揭示了在海底之下地壳如何形成和消亡。（普林斯顿大学图书馆）

1934年，他以比较低的级别——海军上尉的身份加入海军预备队。在第二次世界大战爆发后，他被分配到纽约城工作，任务是测定德国潜艇的位置。但他并不喜欢办公室工作，因此他请求调往海上。1944年，他成为"约翰逊岬角"号（Cape Johnson）的海军官员，这艘船主要用于太平洋上军人的运输，不久后他成为这艘船的船长。

"约翰逊岬角"号装有音响测深仪，即回音测深器，这个设备通过向水下发送声波，利用声学设备测量回声返回所经过的时间，就可以测量出海面到海底的距离。这个设备的军事目的是防止船只进入浅水区，但赫斯命令只要船只在行进，测深器就得打开，这样就可以形成连续的海底剖面图。除了别的收获外，他还因此取得了海底最深点——马里亚纳海沟的测深数据。

1945年，在测深记录器的帮助下，赫斯发现了平顶的海底山脉，他以普林斯顿第一位地质学教授阿诺德·亨利·吉欧（Arnold Henry Guyot）（1807—1884年）的名字将之命名为"guyots"。赫斯断言，这些海底平顶山是死火山。它们平坦的顶部使赫斯猜想，这些山脉曾经露出过海面，只不过海水的侵蚀使山顶最终磨灭，但是测深器测得它们的深度竟然是水下1.2英里（2千米）。这些平顶山使赫斯明白，这个地质特征在海中的位置将会发生极大的改变。

地壳传送带

在战后的日子里，哈里·赫斯在普林斯顿一直思考着水下平顶山和大洋中脊的问题。赫斯注意到，离平顶山越远，太平洋中脊的山脉所处的位置就越深，这从他战时的测深剖面图中就可以清晰地看出来。

1957年，赫斯听取了布鲁斯·希森对全球大洋中脊和峡谷的描述，之后他就开始思考，这个发现将会在多大程度上影响人们对地球发展的认识，尤其是阿尔弗雷德·韦格纳受到全世界反对的大陆漂移理论。韦格纳认为大陆在坚固的海底上行进，而地质学家则反对此种论点。然而，1959年左右，在吸收了有关平顶山的知识后，赫斯却得出了一个不同的结论：海底本身就在移动。

与希森和莫瑞斯·尤因一样，赫斯也认为，大洋中峡谷是地壳上的薄弱点，地幔中的熔岩和岩浆从这里沸腾喷发。赫斯提议，就像沸水导致翻滚的水流一样，地幔中的对流运动促使岩浆上升。赫斯说，当岩浆凝固以后，它会将已有的海底推裂开来，并在裂缝的两边形成两个山脊。山脊通常位于海洋中部，这是因为，海底在相反的两个方向上受到推压的速度是一样的。

虽然希森已经解开了地壳产生的一种方式，但他并没有解释地壳如何消亡。因此，他认为地球会慢慢地越变越大。赫斯不同意这个观点，相反，他认为，最古老的海底地壳会沉入深的沟渠中，即海沟中，然后从这里再次被吸收入地幔。因此，地壳就像是在一个传送带上，凭借上升和下降对流产生的动力，它日夜不停地来回于地幔和地球表面之间。赫斯是第一个完整描述地壳运动周期的科学家。

赫斯的传送带理论很好地回答了反对者对大陆漂移理论的主要责难。1962年，他发表了一篇正式文章《海盆的历史》(History of the Ocean Basins)来描述这个思想，其中写道："大陆是不会被未知的动力推动在海底地壳上行进的。""相反，它们会在地幔上自主地移动，比如它们先来到山脉顶部，然后再向两边水平移动。"赫斯解释道，大陆之所以会在海底上移动，是因为大陆由岩石组成，而它比形成海底的火山玄武岩要轻。

赫斯的理论也可以清晰地解释莫瑞斯·尤因1947年的发现，即大西洋海底上的沉积层比大家想象的薄得多，而且它所包含的化石都没有早于白垩纪时期，即1.44亿—0.65亿年前，而更加古老的化石在大陆上却早已发现。赫斯断言，海底岩石大部分都非常年轻，最多2亿—3亿年的历史，即属于地质时期。因此，它没有时间积聚厚的沉积层和岩石。

海军研究部的地质学家罗伯特·迪茨和赫斯的观点在本质上是一样的。迪茨将他的理论称之为"海底扩张"理论。1960年，在递交给海军研究部的一份报告中，赫斯首先发表了这个理论，而同在一个部门的迪茨直

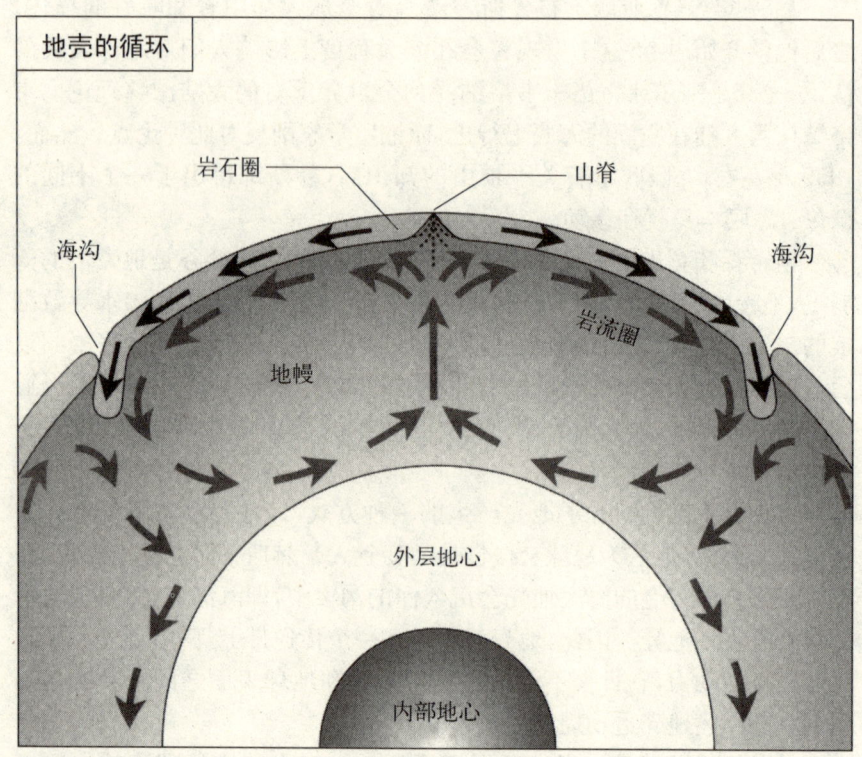

海底扩张理论是由哈里·赫斯和罗伯特·迪茨（给这个理论命名）联合提出的，根据这个理论，地幔中的对流运动使熔岩上升，并从大洋中脊的海底裂缝中进入地壳。正如沸水中促使翻滚运动产生的对流一样，地幔中的对流也是因为温度的不平衡引起的。这样，地壳最外层的坚硬岩石，即岩石圈，最终在海沟中被推回到地幔。

到1961年才发表，因此，就这个理论来说，赫斯通常被给予了更多的荣誉。然而，在一般情况下，迪茨的术语却可以同时指代这两个理论。

地磁震荡

哈里·赫斯将自己的海底扩张理论称之为"地质诗话"。因为与海底平顶山的定位相比，支持这个理论的证据比较少。但是，在20世纪60年代期间，不同领域都为赫斯的理论提供了证据。

其中一个证据就来自海底岩石磁性的研究。一些岩石，包括火山玄武岩在内，它们含有一种含铁的磁铁矿结晶，它的排列位置与地球磁场方向一致。早在 20 世纪初,法国和日本的科学家就发现,在过去的地质时期,由于不知名的原因,地球磁场有时会发生倒转,磁场中心从北极变成了南极。火山岩中磁铁矿结晶的排列和岩石形成时磁场的磁极一致。当岩石冷却后,结晶就被固定在这些位置,从而形成了罗伯特·巴拉德在《永恒的黑暗》(The Eternal Darkness)中所称的"化石指南针"。20 世纪 60 年代初,通过对陆上火山岩样本的年代鉴定,科学家开始制作记录过去磁性翻转时间的时间线。

第二次世界大战期间,为了确定敌方潜艇的位置,磁力计应运而生,但海底岩石的磁性不必用磁力计直接取样就可以进行勘测。1955 年和 1956 年,来自斯克利普斯海洋学中心(位于拉霍亚)的罗纳德·梅森(Ronald Mason)和亚瑟·拉夫(Arthur Raff)驾驶着研究船从北美西岸出发,船尾拖曳着磁力计驶入了太平洋东北部。他们发现,海底岩石的磁力在交互的方向上显示,就像斑马的斑纹一样。这些磁条沿着此区域内 3 个著名的地震断层偏移,然后在大陆架附近戛然停止。

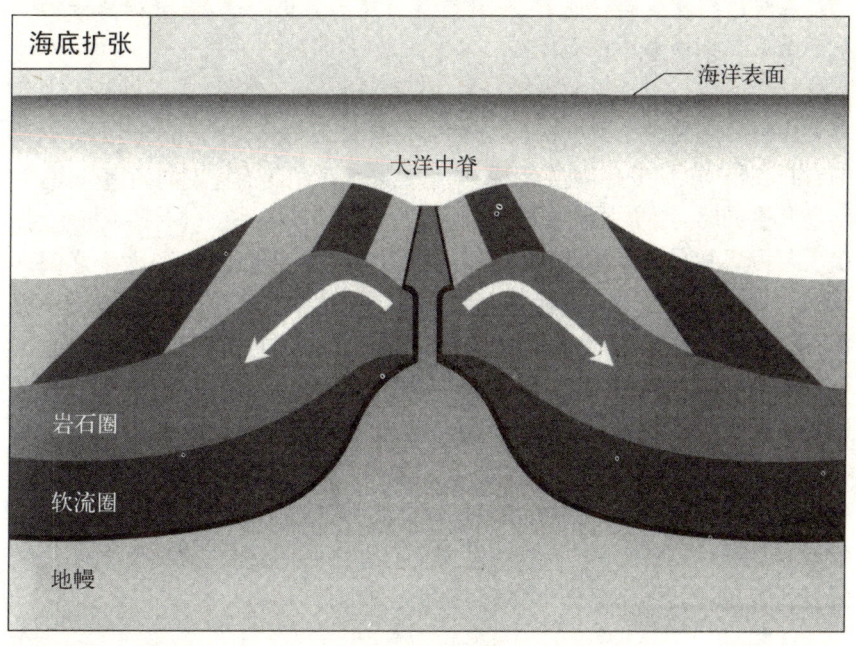

这幅图以更近的视角描述了大洋中脊的海底扩张。熔岩在地幔中受到挤压不断上升,然后从山脊峡谷的出口或裂缝中迸出,最终达到地壳表面。当滚烫的岩浆接触到冰冷的海水时,岩浆固化,同时将海底向另一个方向挤压。当海底从峡谷中退离以后,它就形成了山脊的新山脉。

1962年,英国地质学家弗雷德里克·万恩(Frederick Vine)第一次听说板块扩张和后来所谓的磁性条纹,这一年,他从剑桥大学毕业。一年后,万恩在剑桥攻读研究生,他和导师德鲁蒙德·马修斯(Drummond Matthews)在印度洋的卡尔斯伯格海岭(Carlsberg Ridge)附近发现了磁性条纹。这些磁条和海岭长长的轴线相平行,并在海岭另一侧形成几乎相同的图式。

在1963年9月的《自然》杂志上,万恩和马修斯发表了一篇题为《海洋山脊上的地磁异常》的文章,提出了他们的磁性图理论,在文中他们说道:

> 与此一致,事实上它是当今海底扩张思想和地球磁场周期翻转理论的引申,……海洋山脊中心的海底主地层,如果它形成于地幔中的上升对流之上,它就会被磁化,且磁性方向与地球磁场方向一致……一旦发生海底扩张,这些或者是正常磁极或者磁极已经发生翻转的部分,就会从海底山脊中心退离,且退离方向与山脊顶部平行。

山脊两侧的磁条相互吻合,万恩和马修斯解释道,这是因为,山脊两侧的岩石在相同的时间和地点形成,而且是以几乎相同的速度向两边分离。

几乎同时,加拿大地质学家劳伦斯·莫里(Lawrence Morley)独立提出了与万恩和马修斯相似的理论,因此这个有关海底扩张和磁条之间联系的假设就被称作万恩-马修斯-莫里假设。最初,几乎所有的地质学家都不相信这个假设,因为他们或者怀疑海底扩张的真实性,或者怀疑是否存在磁极翻转。然而,就在不久后,不同的科学家在不同的海岭都发现了磁条的存在,其中莫瑞斯·尤因创立的拉蒙特地质学观测站的好几位科学家就在其内。1965年的几大发现:太平洋-南极洋脊两侧的剖面图呈现完美的对称;一个非常精确的磁极翻转时间线被发现,它和地球的磁性图式非常契合;在深海沉积物中发现了磁性翻转的迹象,这些发现使许多研究者确信,万恩-马修斯-莫里假设是正确的。

撼动地质学界

水下地震的新信息为海底扩张理论的论证提供了又一条线索。到

20世纪60年代为止,水下地震震中的定位比10年前要准确得多,那时霍华德·福斯特(Howard Foster)正为布鲁斯·希森制作地图。

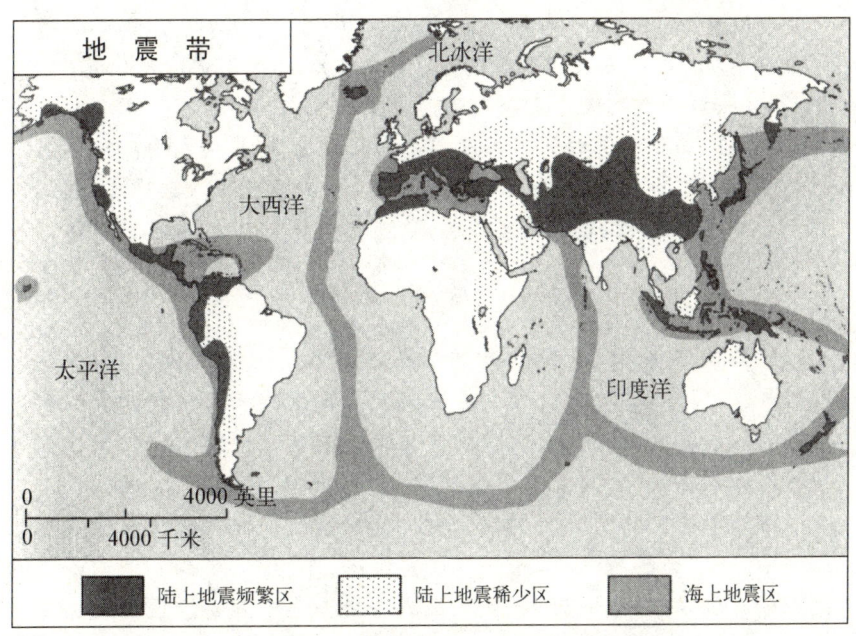

早在20世纪20年代,科学家已经发现,世界上某些地方地震发生非常频繁,而有些地方则非常稀少。这幅地图表明了世界不同地区的地震发生频率。图中所标示的"地震带"勾勒出了地壳活跃部分的轮廓,即板块的轮廓,而大陆正是在板块之上行进。地震研究的成果有助于使地质学家接受20世纪60年代出现的新理论,即板块构造理论。

1965年,加拿大地质学家、水下地震研究专家约翰·图佐·威尔逊(J. Tuzo Wilson)发表新的论点,他认为地壳被分成巨大坚硬的若干部分,他将之称为板块。他预言,板块之间的界限有3种:如果两个板块都在扩张,那它们交界的地方就会形成大洋中脊;如果板块正面相撞,就会形成山脉或者海沟;如果板块交互而过,平行移动的巨大地震断层就会形成。他将这种新发现的地质断层命名为转换断层,因为它们最终会变成山脊或者海沟。威尔逊预测,断层沿线的地震范围局限在其末端山脊和海沟之间的区域,而断层另一边的板块会一直向相反的方向移动。拉蒙特的一个研究员——林恩·塞克斯(Lynn Sykes),在对以海底山脊为中心的12次地震中的地壳运动进行分析后,于1965年提出声明:威尔逊的假设是正确的。塞克斯同时断定,他看到的这些运动与海底扩张是一致的。

> **社会效应：　　　　　地球运动塑造人类生活**
>
> 　　海底扩张和板块构造的平均速度是每年1英寸(2.54厘米)，对一个人来说，这个速度可能太慢了，不会对人的一生造成什么影响。但是，板块运动却对整个人类社会有重要意义。
> 　　最显而易见的影响是自然灾害：火山爆发、地震和由海底地震引起的巨大波浪，也即海啸。2004年12月，一次巨大的海底地震(里氏9.0)引起了高达90多英尺(27米)的海啸。巨大的波浪席卷了印度尼西亚、斯里兰卡和附近地区，海浪摧毁了岸上的居民点，造成了大约28.8万人死亡或失踪。
> 　　加利福尼亚、日本、阿拉斯加以及其他位于板块衔接处的地区，都曾发生灾难性的地震。由于地震和火山是板块相互碰撞和摩擦的信号，因此，地震多发区也经常会发生火山爆发。环太平洋的板块衔接区有如此多的火山，因此它们被称为"火山带"(Ring of Fire)。
> 　　板块构造并不是只有坏的影响。地球运动将许多矿物质带到地表，也形成了新的矿物质，而这些正是技术进步所需要的。美国西部蕴藏的矿物质，如金、银、铜和铅，大部分都来自注入潜没区的火山岩浆。石油、天然气和煤等矿物燃料是人类交通、热能等的主要能量来源，这些矿物燃料也主要聚集在由板块运动形成的地貌之中。而火山岩风化以后是异常肥沃的土壤，这也就能解释，为什么明知道是活火山，但人们还愿意在火山附近生活。
> 　　既然板块构造对人类生活有如此巨大的影响，因此，板块运动的研究就具有了多重现实意义，它可以帮助科学家预测地震和火山喷发可能发生的地点和时间，它能帮助勘探者确定矿物、石油和天然气的位置，当然也包括一些代用能源，例如地热能(地球内部热能将水加热，然后由水产生的能量)。而其中最重要的是，板块构造的研究可以帮助科学家将地球视作一个活生生的、变化的整体，从而更好地审视地球的现状。

　　同年，同样在拉蒙特工作的杰克·奥利弗(Jack Oliver)和布赖恩·伊塞克斯(Bryan Isacks)发现，由于深源地震(这些地震的震中在地幔而不是地壳中)的发生，在汤加岛(Tonga)附近，60英里厚的地壳堆积层被推入或拉入了地幔之中。这个过程就叫做潜没，它也是哈里·希森描述的地壳循环的最终环节，即将海底扩张产生的地壳破坏、回收。潜没的存在为希森的理论提供了更有力的证据。

板块构造理论革命

1967年，地质学家詹森·摩根，也是赫斯和弗雷德里克·万恩的同事（1965年进入普林斯顿大学），将这些新兴的地球理论进行了综合。摩根把地壳运动当作几何习题来分析，并成功破解了坚硬的岩石（即威尔逊所谓的板块）如何在球体上移动和相互作用的难题。他的工作使图佐·威尔逊的转换断层、山脊和海沟等问题得到了新的融合。与此

1967年，普林斯顿大学的詹森·摩根（Jason Morgan）为板块构造理论提供了精密的论证，解释了坚固的岩石在球体表面如何移动和相互作用。（普林斯顿大学）

同时，来自万恩母校——剑桥大学的地质学家丹·麦肯齐（Dan Mckenzie）也进入了这个领域。

1968年初，拉蒙特-多尔蒂地球观测站的地质学家艾克沙维·李比雄（Xavier Le Pichon），运用电脑软件，将摩根的预测与地磁条、地震和过去板块运动的数据进行了比较。他发现，预测结果与已有的数据完全吻合。摩根和李比雄的研究，为正在形成的板块运动理论提供了精密的论证。这个理论就是板块构造理论，此语来自希腊语"tekton"，意为"兴建"。

板块构造理论认为，地壳被分成7个大板块，12个小板块。岛屿和大陆是由相对较轻的岩石形成，他们构成了海平面以上的地壳板块部分。在地球重力、地幔中的对流运动以及一些仍然未知的动力的推动下，板块在地球表面缓慢地移动着（自从地壳形成伊始，这种移动就一直持续着）。它们会在某些地方相互推离，这时地幔中的岩浆就会从裂缝中喷出，从而形成新的海底山脊。而有时它们会迎面碰上，这时它们或者相互碰撞发生摩擦，或者只是擦肩而过。当发生碰撞时，在地心引力的作用下，某个板块会位于另一板块的下面，这个板块的一边就被推回到地幔之中，而另

一边则高高耸起,形成一列新的山脉。地震和火山是板块衔接的标志,这里发生着剧烈的地壳运动:创造或毁灭。

在1966、1967年美国地质学联盟春季会议和1966年11月的专题研讨会上,大量颇有建树的研究文章被发表,范围包括地球磁条、地震和地壳运动的精确模型。大量涌现的证据使大多数地球科学家从板块构造的怀疑者变成了信仰者。在1974年出版的《海底》(The Floor of the Sea)一书中,威廉·沃顿贝克(William Wertenbaker)写道:"很多人认为(这些年是)地质学历史上最辉煌的时期。"1967年,布赖恩·伊塞克斯、杰克·奥利弗和林恩·塞克斯发表了一篇很有影响力的文章——《地震学和新全球构造地质学》,并提出了一个新的观点。到此时为止,几乎所有人都开始相信,作为阿尔弗雷德·韦格纳大陆漂移理论的延伸,这个理论从根本上来说是正确的。哈里·赫斯的海底扩张理论(此时已经被纳入到板块构造理论之中),也得到了充分的证明和讨论:在1967

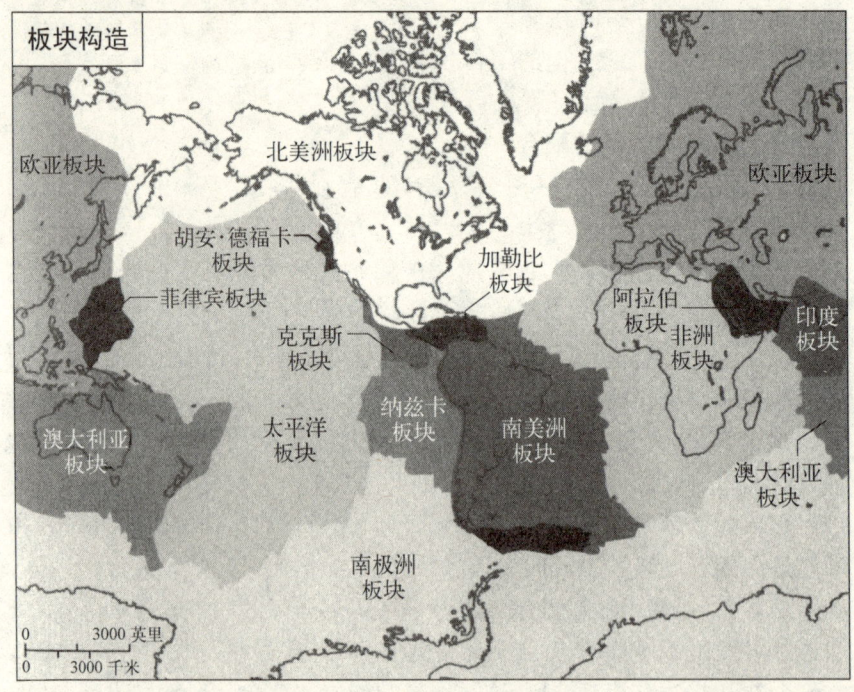

作为韦格纳大陆漂移理论的延伸,板块构造理论在20世纪60年代中期已经被普遍接受。它声称,地壳被分为7个大板块和大约12个小板块,如图所示。受到地幔中对流和其他动力的推动,这些板块一直处于运动状态。在板块相互冲撞和摩擦的地方,就会发生地震和火山。

年的会议上,赫斯主持了一个此主题的座谈会,会上有70份论文被提交。

> **相关链接:** 　　　　　**其他星球上的板块**
>
> 　　对于一个星球来说,没有板块的话,情况可能会更好。比如说,即使发生地震和火山爆发,星球外壳也不会被撕裂开。然而,科学家早已下了论断,正是板块运动才能使地壳保持"生命力"。
>
> 　　就目前的研究来说,地球是太阳系中唯一拥有活跃板块运动的星球。要拥有运动着的板块和再生的外壳,星球必须要有内部热量,这种内热的外泄可以使板块移动,并创造新的外壳。在太阳系的早期,火星和月球,可能也包括水星,都拥有足够的内热,因此它们也有活火山和运动着的板块。但是这些星球都太小了,无法保存内热,因此在很久之前它们就停止了运动。
>
> 　　金星可能仍然保持着地质构造上的活跃性,但科学家也无法确定。1979年,"金星先锋号"(Pioneer Venus)太空飞船在金星的高层大气中检测到了大量的硫磺,不过在随后的几年中,硫磺含量就开始下降,这说明当时曾发生过一次大的火山喷发,所以才导致了那么高的硫磺含量。"麦哲伦"号太空飞船在20世纪90年代所拍摄的金星雷达图像中,有些地貌和地球上的火山链和海沟非常相似。但是,没有人敢说它们就像真的一样。
>
> 　　木星的两颗卫星,木卫一(Io)和木卫三(Ganymede)为木星的地质学活跃提供了最有力的证据。1979年,"旅行者1号"在木卫一上观测到了火山喷发,太空科学家推测,在那里可能还存在着一大池滚烫的液体硫磺。木卫三的表面也分成不同的几块,就像板块一样,而且它们中间还有裂缝,但没有人知道这些板块是否还在运动。即使木卫一和木卫三很小,它们也可能拥有可以产生对流运动的物质,而这些对流运动导致了板块的移动。例如,在木卫三的冰雪覆盖的表层之下,很可能存在着一个流动着的深海。

一个富有影响力的职业

　　与阿尔弗雷德·韦格纳不同,哈里·赫斯亲眼目睹了自己的观念被科学界接受。他的海底扩张理论,他对山脉群、弧形列岛和多种矿物质的研究,都使他饱受赞誉。例如,1966 年,美国地质学协会授予他彭罗斯奖章(Penrose Medal),不久后,他被选举为美国科学院院士。

1962 年,肯尼迪总统任命赫斯担任美国科学院太空科学部的负责人,任务是为国家航空航天局(NASA)提供建议。在任期间,赫斯辅助完成了美国太空计划的形成,其中就包括人类第一次登月。1969 年 8 月 25 日,就在这次史诗般的壮举完成后一个多月,在伍兹霍尔的一次委员会会议上,赫斯突发心脏病去世。国家航空航天局为他追加颁发了公共服务杰出贡献奖。

赫斯参与开启的地质学革命已经蓬勃发展。科学作家将 20 世纪 60 年代提出的板块构造理论,与天文学界的革命(即科学家开始接受波兰天文学家尼古拉斯·哥白尼(1473—1543 年)所提出的地球围绕太阳转动的理论),以及查尔斯·达尔文(1809—1882 年)提出自然选择进化论后生物学界所发生的革命相提并论。有了板块构造理论,无论是山脉和岛屿的升起,还是地震和火山爆发等破坏性运动,地球上的地质活动第一次得到了合理的解释。它也提高了海洋学的地位,因为板块理论证明了深海既是地球板块的孕育之所,也是板块消亡的埋葬之所。总之,正如美国地质调查局《动态地球》(This Dynamic Earth)引用威尔逊的话,板块构造理论证明了"地球不是一个死气沉沉的雕塑,它是活生生的、动态的"。

生平年表

1906 年	5 月 24 日,哈里·哈蒙德·赫斯在纽约城出生
1927 年	赫斯获得耶鲁大学地质学学士学位
1927—1929 年	赫斯在罗得西亚北部勘测地质
1932 年	赫斯取得普林斯顿大学地质学博士学位
1934 年	赫斯在普林斯顿任教
1944 年	赫斯在"杰克逊岬角"上担任海军官员,并开始利用回声测深仪制作太平洋海底的连续剖面图
1945 年	赫斯发现了平顶山,即顶部平坦的水下火山

1950 年	赫斯担任普林斯顿大学地质学系主任
1955—1956 年	罗纳德·梅森和亚瑟·拉夫在海底山脊附近发现了第一个磁条证据
1957 年	布鲁斯·希森向赫斯描述了大洋中脊和地堑
1959 年	赫斯提出了新的理论,即后来所谓的海底扩张理论
1960 年	在向海军研究办公室提交的报告中,赫斯描述了海底扩张理论
1962 年	赫斯发表了一篇文章——"海盆的历史",对海底扩张理论进行了正式的说明 肯尼迪总统任命赫斯为美国国家科学院太空科学部的负责人
1963 年	弗雷德里克·万恩,德鲁蒙德·马修斯和劳伦斯·莫里提出,地磁条纹和海底扩张是一致的
1965 年	出现了很多新证据,许多地质学家开始相信万恩-马修斯-莫里假设是正确的 J.图佐·威尔逊提出,地壳被分成了巨大的板块,板块之间的界限有 3 种类型 林恩·塞克斯证实了威尔逊关于交流断层中地震活动的预测,并断言这些活动和海底扩张有关系 杰克·奥利弗和布赖恩·伊塞克斯在汤加岛附近的深度地震中发现了潜没的证据,这样,赫斯所预言的地球循环中的消亡阶段得到了证实
1966 年	在美国地质学联盟春季会议和 11 月举行的一次专题讨论会上,发表了很多重要的研究文章,范围涉及磁条、地震以及与地球活动相关的其他主题 赫斯获得了美国地质学协会颁发的彭罗斯奖章
1967 年	杰森·摩根构建了板块活动的地质学模型,从而解决了坚固的岩石如何在球体上运动的难题 伊塞克斯、奥利弗和塞克斯联名发表文章,第一次对板块构造进行了完整的科学论述

1968 年	艾科沙维·李比雄运用电脑分析,证实了摩根的地质学模型
1969 年	8 月 25 日,赫斯因心脏病去世

扩展阅读

图书

罗伯特·D. 巴拉德,《无尽的黑暗:深海探险的个人史》,新泽西州,普林斯顿:普林斯顿大学出版社,2000 年。包含了板块构造理论发展的相关资料。

W. 杰奎琳·丘斯(W. Jacqueline Kious)和罗伯特·I. 缇林(Robert I. Tilling),《动态地球:板块构造学说纪事》(This Dynamic Earth: The Story of Plate Tectonics),华盛顿:美国地质学调查局,1996。在线查询:http://pubs.usgs.gov/gip/dynamic。2005 年 6 月 6 日访问。对板块构造理论进行了描述和图解,并分析了这个理论的发展史以及板块运动对人类社会的影响。

大卫·M. 劳伦斯,《深渊的巨变:海底绘图和地球科学革命》,新泽西州新不伦瑞克:罗格斯大学出版社,2002 年。描述了在 20 世纪 60 年代所收集的证据,这些证据不仅为板块构造理论提供依据,而且也使地质学家开始接受这个理论。也有哈里·赫斯和板块扩张理论的相关材料。

威廉·沃藤贝克,《海底:莫瑞斯·尤因和理解地球的探索》。波士顿:布朗出版公司,1974 年。记录了 20 世纪 60 年代的各大发现,正是这些发现使板块构造理论最终被接受。

文章

埃丽卡·阿奇帕德(Erica Archibald),《一个革命时代》,《格鲁吉亚工学院校友杂志》(Georgia Tech Alumni Magazine),1998 年冬。在线查询:http://gtalumni.org/Publications/magazine/win98/earthsci.html。2005 年 6 月 5 日访问。描述了普林斯顿大学地质学家杰森·摩根对板块构造理论所作的贡献——精确分析了巨大的岩石(构成地壳的板块)在球体上如何运动。

罗伯特·迪安·克拉克(Robert Dean Clark),《J. 图佐·威尔逊》,刊载于探测地球物理学协会,即地球科学中心。在线查询:http://www.mssu.edu/seg-vm/bio_j_tuzo_wilson.html。2003 年 6 月 5 日访问。威尔逊生平的大量资料,他对于转换断层以及海底岩石中地磁图式的研究,促成了板块构造理论的完善。

沃伦·汉密尔顿(Warren Hamilton),《板块构造——对人的影响》,刊载于《加利福尼亚地质学》(California Geology)第 31 期(1978 年 10 月)。在线查询:http://

www. johnmartin. com/earthquakes/eqpapers/00000037. html。2005 年 6 月 5 日访问。描述了板块构造理论的内容和发展，以及它对人类社会的影响，例如，积极方面的矿物质和矿物燃料，消极方面的地震和火山爆发。

《哈里·哈蒙德·赫斯》，刊载于《从 1900 年至今的优秀科学家》(Notable Scientists：From 1900 to the Present)。密歇根州法明顿希尔斯：盖尔集团，2001 年。对赫斯的生平和著作进行了简单却完整的介绍。

哈里·哈蒙德·赫斯，《海盆的历史》，刊载于《岩石学研究：A. F. 布丁顿纪念册》(Petrologic Studies：A. F. Buddington)，A. E. J. 恩格尔、H. L. 詹姆斯和 B. F. 雷奥纳多汇编，第 599—620 页。纽约：美国地质学协会，1962 年。赫斯海底扩张理论的科学描述。

布赖恩·伊塞克斯，杰克·奥利弗和林恩·塞克斯，《地震学和新的地球构造》，刊载于《地球物理学研究杂志》(Journal of Geophysical Research)第 73 期(1967 年 9 月)，第 5855—5899 页。第一次完整概括了板块构造理论。

弗雷德里克·万恩和德鲁蒙德·马修斯，《洋脊中的地磁异常》，刊载于《自然》第 199 期(1963 年 9 月)，第 947—949 页。一篇学术文章，揭示了海底岩石中的磁性排列条纹如何证明了海底扩张理论。

网站

火山链，板块构造，海底扩张，潜没带，"热点"(Hot Spots)。美国地质学调查局。在线查询：http://vulan. wr. usgs. gov/Glossary/PlateTectonics/description_plate_tectonics. html。2005 年 7 月 22 日访问。以上几个主题的简要描述，以及相关的图片。

板块构造纪事，在线查询：http://www. platetectonics. com。2005 年 7 月 22 日访问。此网站包括了：板块构造理论的介绍和相关文章、书籍的档案，以及玛丽·萨普、布鲁斯·希森所制作的海底地图。

6

深海中的河流

——亨利·斯托梅尔和洋流

在洋流、海风、潮汐和其他动力的影响下,海洋表面总是呈现复杂多变的形态。然而,到20世纪中期为止,大多数科学家仍相信深海是平静的、毫无变化的,也没有上层水域中打转的漩涡。如果要选出使这种图景得到改变的第一人,则非海洋学家亨利·斯托梅尔(Herry Stommel)莫属。斯托梅尔研究湾流等主要浅海层洋流,他绘制了第一幅深海洋流图,并解决了洋流如何使海水在全球范围内、在冷热之间、在海面和深海之间不断循环流动的问题。以他的研究为基础,科学家成功揭示了洋流和气候之间重要的、有时候是危险的联系。

吵闹的童年

1920年9月27日,亨利·梅尔森·斯托梅尔在美国特拉华州威明顿出生,他的父亲沃尔特·斯托梅尔(Walter Stommel)是德裔化学家,他的母亲是玛丽·梅尔森(Marian Melson),在他还是婴儿的时候,他们就把他带到了瑞典。斯托梅尔夫人不喜欢那里的生活,于是,1925年,她与丈夫离婚并回到了美国。在他们回到美国后不久,亨利的妹妹安妮出生,他们一起在纽约布鲁克林区长大。他与妈妈、离婚的姨妈及其女儿、外祖父母和曾祖母一起生活,斯托梅尔在自传《著作选集》(Collected Works)中将这里称作"脾气暴躁的、争吵不休的疯人院"。为了逃避无休止的家庭争吵,他只能与家中另一个男性——他的外祖父交谈,或者是阅读科学书籍。

斯托梅尔获得奖学金进入耶鲁大学,并于 1942 年取得学士学位。毕业后他考虑了多种职业,包括政府、法律等,但他最终选择攻读天文学的研究生。然而,第二次世界大战一触即发,他不得不中止了学业。作为一个和平主义者和战争的坚定反对者,斯托梅尔毅然加入了军队,但他并没有在军队服役,而是被安排为海军学生教授解析几何学和航空学。

1944 年,斯托梅尔加入位于马萨诸塞州科德角的伍兹霍尔海洋学中心(WHOI),担任研究助理。莫瑞斯·尤因,后来哥伦比亚大学拉蒙特地质学观测中心(现属于地球学院)的负责人,斯托梅尔与他一起合作改进了声波定位仪,这种定位仪是用声波来侦察潜艇的水下位置。斯托梅尔在《海洋的风景》(A View of the Sea)中写道,战争期间在伍兹霍尔海洋学中心的工作经历使他"对海洋产生了浓厚的兴趣,继而决定继续留在这里工作"。他对研究海洋物理特性的物理海洋学尤其感兴趣。1950 年,他与伊丽莎白·布朗(Elizabeth Brown)结婚,他们共育有 3 个孩子。

湍急的流水

在伍兹霍尔海洋学中心,亨利·斯托梅尔主要研究洋流。20 世纪 40 年代晚期,他的研究刚刚开始,此时多个主要的浅层洋流已经被人们所熟知,比如,墨西哥湾流,它携带着温暖的海水,沿北美洲东南海岸一路向北,然后向东穿越大西洋;再如,黑潮(Kuroshio Current),它沿太平洋西侧向北行进,途经日本和西伯利亚的各大海岸。

到 19 世纪末为止,科学家已经发现,浅水洋流的主要动力是风力和地球自转。赤道附近的信风将海水向西吹,中纬西风则把海水向东吹。地球自转造成的作用称之为科氏力,在科氏力的影响下,风和水流在北半球向右偏转,在南半球则向左偏转。这些因素合力的后果就是,

在 20 世纪 40 年代末到 20 世纪 70 年代期间,亨利·斯托梅尔制作了世界主要的浅层洋流和深层洋流的图形。(伍兹霍尔海洋学中心)

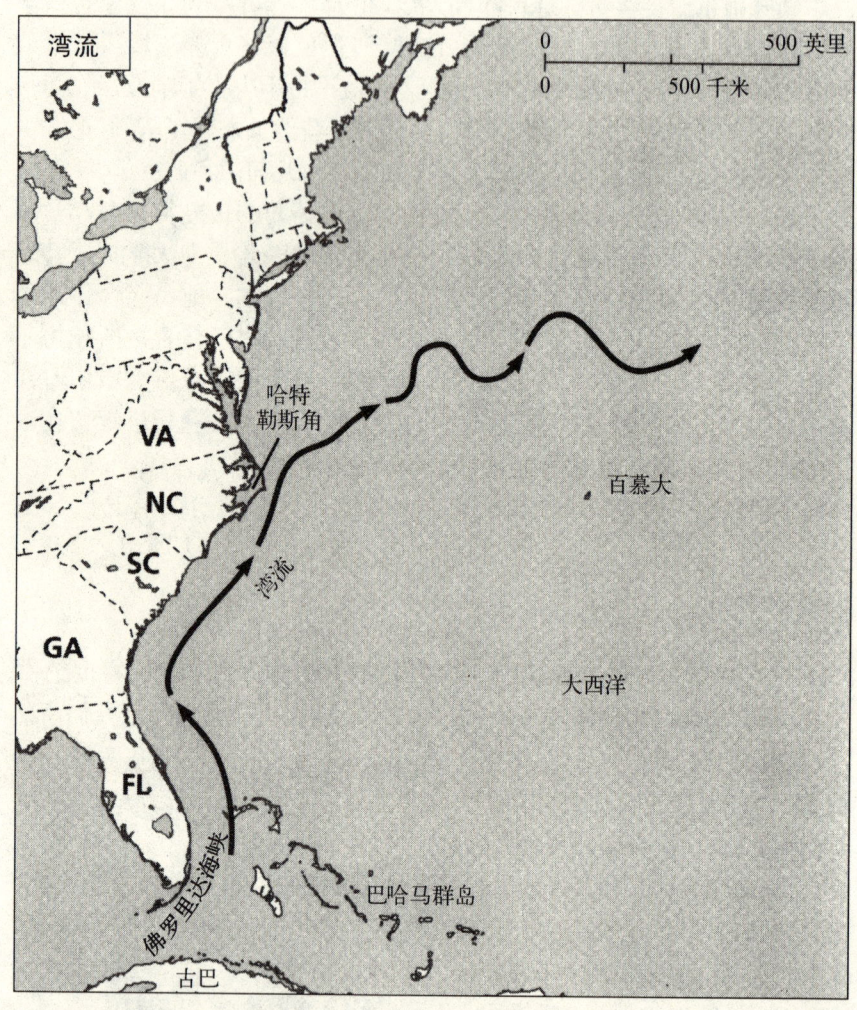

湾流,湍急而细小的温暖浅海洋流,曾被称作"海洋之河",它从佛罗里达南端出发,沿美国东南海岸一路向北,一直到哈特勒斯角(Cape Hatteras)。然后它东转穿越太平洋,将温暖的海水带到了西欧。

海水向大洋中心聚集。不过,赤道附近的海水在太阳的照射下受热膨胀,并高出海平面些许,在地球引力的作用下,海水从聚集的"小山"上退离,这样,海水就形成一个环形,而不是都向海中心堆积。由此形成的大型海水运动就叫做大洋环流,它在北半球和南半球分别以顺时针和逆时针方向旋转。最有名的洋流都集中在这些大洋环流附近。

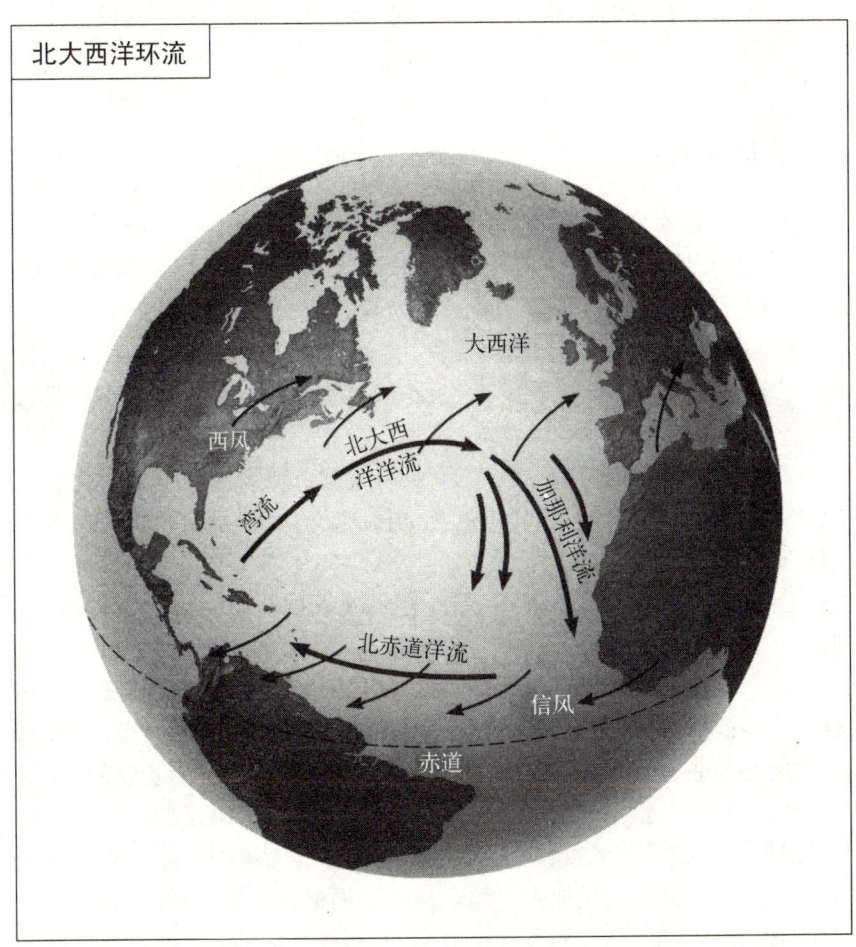

在风力、摩擦力和地球自转造成的科氏力（Coriolis force）的联合作用下，大洋表面的海水以环形流动，即所谓的大洋环流。图中显示的是北大西洋环流，包括湾流、北大西洋洋流、加那利洋流和北赤道洋流。北西风和南信风促成了这个环流的形成。就像北半球其他的环流一样，北大西洋环流以顺时针方向流动，南半球的环流则按逆时针方向流动。

1946年，伍兹霍尔海洋学中心的一个同事使斯托梅尔的注意力转向了神秘的浅水洋流。众所周知，大洋环流西侧的洋流狭窄而湍急，而东侧的则既宽阔又舒缓。没有人能够解释出现这种差异的原因。为了解开这个谜团，斯托梅尔开始运用一种简单的数学模型来分析洋流运动，在当时，这种技术处于世界领先。他的模型向世人展现了地球自转力、风力以及大陆边缘与水之间的摩擦力三者之间如何相互作用,进而造成了浅海洋流。

分析表层洋流

首先,斯托梅尔考察了世界最著名的表层洋流之———湾流。早在1770年,本杰明·富兰克林(Benjamin Franklin)就对这个洋流进行了研究并绘制了地图。19世纪中期,美国海洋学家马修·方丹·莫里(Matthew Fontaine Maury)将湾流称为"海之河",并写道,"世界上再没有第二条水流像它这样壮观。"20世纪40年代,科学家将湾流作为北大西洋环流西侧的标志。

1948年,斯托梅尔发表了一篇重要的文章,"风海流的西向强化",文中他描述了湾流和其他风生洋流的流动模式。在美国国家科学院所编的斯托梅尔传记评论集中,斯托梅尔的同事卡尔·文施(Carl Wunsch)写道:这篇文章"标志着动力海洋学(对洋流及其他海水运动的精密研究)的诞生"。

在这篇具有里程碑意义的文章中,斯托梅尔断定,地球自转对表层洋流的影响在不同纬度有不同表现。这些旋转的水柱越接近两极,水柱轴心(始终与地表垂直)与地轴就越趋向平行,因此科氏力的影响就越大。

斯托梅尔写道,水柱的整体漩涡,即涡度,主要取决于两个因素:相对漩涡和行星漩涡。风力和摩擦力联合形成了相对漩涡。而引起科氏力的是行星漩涡,其动力主要来自地球旋转。根据物理学原理可知,在地球上的任何地方,水柱的整体涡度都是恒量的。因此,如果纬度的改变造成了行星漩涡的变化,那相对漩涡也必须随之变化,变化幅度相同,但方向相反。

斯托梅尔解释道,在北半球,当水流沿着大洋环流的西侧向北行进时,行星漩涡作用力会使它按照逆时针方向旋转。为了保持整体涡度的守恒,它就必须获得相对漩涡,从而获得顺时针方向的作用力。如果这些作用力没有得到平衡,水流就会越来越快,最终造成大涡流或者是海上龙卷风。

根据斯托梅尔的理论,这种平衡力来自海水碰撞大陆边缘所产生的摩擦力。海水流速越快,产生的摩擦力也越大。大洋环流西侧的洋流,如湾流,由于它需要大量的摩擦力来平衡其他的作用力,所以这些洋流非常湍急。与此形成对比的是,大洋环流东侧南向流动的洋流,当它到达赤道时,行星漩涡就消失了(这里的行星漩涡是零)。为了保持涡度的守恒,洋流就必须失去反方向的相对漩涡。在这些作用力的综合影响下,洋流的流速就变得很缓慢。

反向流

洋流非常重要,像湾流这样的洋流虽然只影响到海洋中 10% 的水域,但其辐射范围却可达到水下 1340 英尺(400 米)。20 世纪 50 年代,斯托梅尔将目光转向深层洋流,正是它们影响了海洋的剩余部分。当他开始研究时,同时代大多数的海洋学家却怀疑是否有深层洋流存在。

当时,研究者已经发现了一种薄的水层,即温跃层,在这里水温下降的很快,而且它只存在于浅层洋流的海域之下。在这里,温度不是随着深度的增加缓慢的下降,而是骤然下降,这种现象使斯托梅尔意识到,肯定有一些力量"支撑"着温跃层。他断言,这种力量就是从深海泛上的冰冷海水。

与 1948 年的文章中所提出的漩涡理论一样,斯托梅尔认为,海水从深海中上泛就像海水流向赤道一样,这两种运动都会从遥远的极地把海水带走,并因此加大了它的行星漩涡。为了保持总体涡度的守恒,深海冷水必须从赤道远离,从而降低行星漩涡的影响,由于风力无法抵达深海,因此相对漩涡对这种运动的影响很小,同时,大部分海水与大陆也没有接触,所以也不存在摩擦力的问题。

1955 年,斯托梅尔深化了这个理论,他预言,在湾流下面存在着一个冷水流,路径与湾流一样,但方向相反。几乎就在同时,英国研究者约翰·斯沃洛(John Swallow)发明了一种浮舟,通过调整浮舟的密度(密度决定它可以下潜的深度)可以使它停留在特定深度的海洋中。当洋流经过这个深度时,浮舟顺流而下,并向追踪船发出声音。根据这个声音,研究者就可以确定浮舟移动的速度和方向。

1957 年 3 月,斯沃洛和斯托梅尔联手,合力验证斯托梅尔的预测。沿着湾流在美国东南部的流经路线,斯沃洛将浮舟放入了水下,略深于湾流所在的深度。正如斯托梅尔所预测,斯沃洛发现,他的浮舟大部分都以极快的速度向南移动。之后,在全世界的海盆西侧都发现了流向赤道的深层洋流。

1958 年,斯托梅尔将他对于湾流和洋流的观点集结成书,发表了《湾流:一种物理学和动力学的论述》(The Gulf Stream: A Physical and Dynamical Description)。卡尔·文施这样评论这本书,"它可能是世界上对海洋循环进行动力描述的第一本书"。

大传送带

由于和伍兹霍尔海洋学中心的负责人保罗·费伊(Paul Fye)意见不合,斯托梅尔在1959年离开了伍兹霍尔。1960年后的头四年,斯托梅尔在哈佛大学教授海洋学,但在那里他并不开心。在他的《文集》中有一篇自传体散文,他在文中写道,他感觉自己格格不入,而且他认为,哈佛大学的其他老师都看不起他,因为他没有很高的学位。1963年,他转投麻省理工学院(MIT)气象学系,并在那里担任物理海洋学教授,一直到1978年。

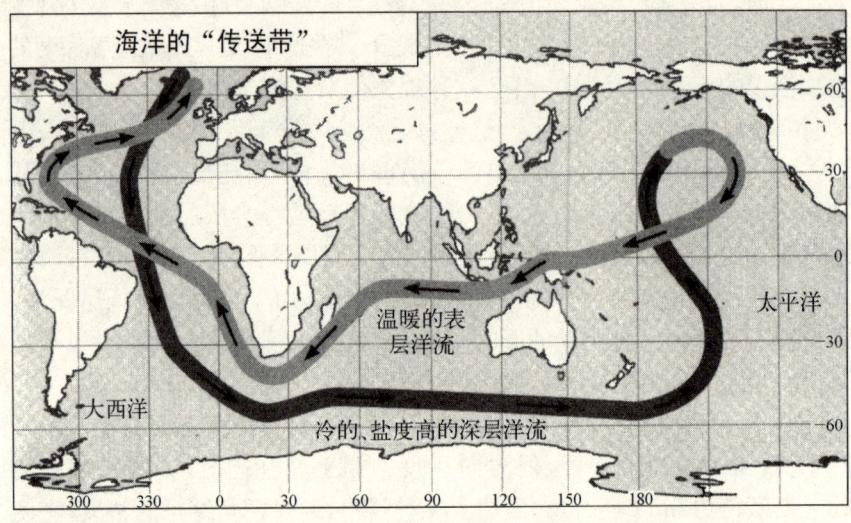

亨利·斯托梅尔研究了温盐循环的具体细节。温盐循环使冰冷的、盐度高的深层洋流与温暖的、盐度低的表层洋流发生交换,世界海水就好像处于一种永不停止的"传送带"上。

20世纪60年代,斯托梅尔扩展了他的浅层和深层海水循环的理论。他断定,在循环的决定因素中,密度至少和行星涡旋具有同等的重要性。海水的密度取决于它的温度和盐度。盐度是指海水中的盐和其他可溶解有机物的含量,一定量的水,这些物质的含量越多,它的盐度就越高。冷水比温水的密度大,盐度越高密度也越大。水的密度越大,它也就越重,所以在地心引力的作用下,密度大的水总处于密度小的水之下。运用这些观念,斯托梅尔提出了新的理论,后来被称作温盐循环(Thermohaline

Circulation），这个词来自拉丁语，意为"热"和"盐"。

　　正如斯托梅尔和其他人所声明的，世界上最重要的温盐循环应该被称作"大传送带"，因为它使海水在温暖的表层和寒冷的深层之间、在极地和赤道之间永不停歇地进行着循环。在挪威海中，温暖多盐的湾流在冰岛北部和格陵兰岛附近被送上了"传送带"，开始了下降的过程。冰冷的西风将这个表层洋流的热量一扫而光，海水开始变冷变沉。温度的降低和高盐度使海水变得如此之重，它几乎下降到了海底。

　　最终，这些冰冷的、高盐度的海水注入了格陵兰岛和挪威的海盆之中，而且溢满连接格陵兰岛、冰岛和苏格兰的水下山脉，即岩床。然后，这些海水涌入大西洋海底，开始了一段漫长的南行。这些海水，再加上拉布拉多海（Labrador Sea）冰冷的海水、盐度极高的地中海海水，以及其他漩涡中温暖的海水，它们共同组成了北大西洋深层水（North Atlantic Deep Water）。深水不断南行，穿过赤道，最终到达南大西洋。

　　在南美最南端，这个深水向东偏转，进入南洋，而这里深受南极绕极洋流（Antarctic Circumpolar Current）的影响。然后，深水的大部分与南极海底海水汇合，从澳大利亚南端穿过，向北前进，汇入太平洋。当到达赤道附近时，在温暖信风的吹拂下，这些海水受热膨胀，密度降低并升到海面。现在，它已变成温暖的表层洋流，在穿过印度尼西亚群岛以后，它最终达到印度洋，然后开始向非洲西进，途中它从热而窄的阿拉伯海获得了很多盐分。它向南经过莫桑比克和非洲东南海岸，此后开始加速。

　　这个温暖的洋流一路向西，在穿过非洲最南端的好望角后，开始转向北方，经过巴西和委内瑞拉海岸后进入加勒比海。当达到佛罗里达附近时，它变回了著名的湾流。湾流继续着它的旅程，一直到达寒冷的极地，这里是它发源的地方，它也将在这里重新开始漫长的旅行。完成整个旅程需要大约1000年的时间。

全球研究和局部研究

　　亨利·斯托梅尔一直深情怀念着他进入这个领域的最初日子，那时他和其他科学家总是出海进行研究，他们的大部分机械发明也都是来源于这个时期，卡尔·文施将他们的研究称作"绳子-封蜡海洋学研究"。尽管如此，随着工作的不断展开，与过去的旧方法相比，新兴的计算机和其他复杂的电力设备能够为科学家提供更广泛和更精确的海洋数据。

从 20 世纪 60 年代末—70 年代，斯托梅尔一直鼓励或亲自领导在世界海洋中进行大型的国际性观测计划，这些计划拥有最先进的技术，可以对斯托梅尔和其他科学家的水循环理论进行检验。这些计划包括：地球化学项目计划（GEOSECS）、美-英中大洋动力学实验（MODE）以及这次实验的后续部分——多边形-中大洋动力学实验（POLYMODE），这次实验由美国和苏联联合进行。相比之下，这个时期斯托梅尔自己的研究重心是特定区域的循环，如南极绕极流、印度洋和地中海。

社会效应：　　　　　全球变暖和大洋环流

20 世纪 50 年代末，亨利·斯托梅尔进行了一个实验，在两个相连的容器内分别装入温暖的、盐度含量高的水和冰冷的、盐度含量低的水，看这两个容器之间的循环会是怎样的模式：是从盐度高的一方注入盐度低的一方，还是从冰冷的一方注入温暖的一方。海洋学家已经发现了证据，证明温盐循环的过程和这个实验几乎相同。事实上，在过去的地质时期中，海洋传送带曾多次改变方向，甚至完全停止，这些改变应该与气候的突然变化有关。

今天，大多数科学家都认为，由于人类燃烧煤、石油等矿物燃料，导致大气中二氧化碳和某些气体含量的增加，从而造成了全球变暖。温度的提高引起了冰河融化，大量淡水涌入了大西洋。全球变暖使印度洋等热带地区变得更热，在这种情况下，海面水位更加难以下降。华莱士·S. 布洛克（Wallace S. Broecker）是哥伦比亚大学地球中心的物理海洋学家，也是第一个用"传送带"来指称全球温盐循环的科学家，他认为，这些改变将会导致温盐循环传送方向改变甚至中断。他断言，这些情况最终将引起地球气候的突然剧变，地球甚至可能再次进入冰河时代。

2004 年，布洛克在给《金融时报》的一封信中写道，"研究发现，在过去的几万年间，一些微小的原因曾导致地球发生了巨大的变化"，而二氧化碳含量的增加，"正是一个巨大的导火索"。因此，他发出警告，人类向大气中释放过多的二氧化碳无疑是在"挑逗发怒的野兽"，它们随时会以不期然的方式向人类报复。2005 年 12 月，英国科学家发现，湾流和其他温盐洋流正在逐渐减弱，这个发现为布洛克的理论提供了有力的证据。

这些研究使斯托梅尔和其他物理海洋学家意识到,海洋循环比自己想象的要更复杂和多变。他们发现,海洋中不仅包括了大的、永恒的模式如表层漩涡和温盐循环,它还包括了一些小型的环状涡流,直径只有10—100英里(16—161千米)。这些环状涡流持续的时间很长,但并不是永久性的,这就好像是整个大气中的某地天气系统一样。更多的数据表明,海洋循环会随着时间的变化而轻易地、经常性的发生变化,有时甚至是戏剧性的变化,就像是每天的天气都在变化一样。

大范围调查

1978年,保罗·费伊刚辞职,亨利·斯托梅尔就回到了伍兹霍尔海洋学中心。他一直在这里工作,直到1992年1月17日他在马萨诸塞州法尔茅斯因心脏病去世。20世纪80年代初,斯托梅尔和另外两位科学家一起,将海洋流动的数学模型进行了改进。此外,斯托梅尔制作了一个新的数学模型,这个模型解开了困扰了他一生的问题,即海洋的温度和盐度之间为什么有如此密切的关系。

尽管斯托梅尔以洋流研究而闻名,但在他漫长的职业生涯中,他几乎对物理海洋学的每个方面都进行了调查和研究。例如,他研究过积云、潮汐,还研究过浮游生物,这些漂浮着的微小动物和植物是海洋大型动物的主要食物来源。

这些辛苦的工作终究得到了回报,斯托梅尔也因此获得了不少很有分量的奖项,比如1989年的国家科学奖章,1983年他成为克拉夫奖(Crafoord Prize)获得者之一。克拉夫奖由瑞典皇家学院设立,所表彰的科学家的研究领域都是诺贝尔奖所未包含的,因此,它就等同于诺贝尔奖。此外,斯托梅尔所获得的奖项还包括:国家科学院阿加西奖章(Agassiz Medal)、美国科学发展协会罗什斯提奖(Rosenstiel Award)、美国气象学协会斯韦尔德鲁普金质奖章(Sverdrup Gold Medal)和伍兹霍尔海洋学中心比奇洛奖章(Bigelow Medal)。1959年、1977年和1983年,他先后成为美国国家科学院院士、苏联科学院院士和伦敦皇家协会成员。在斯托梅尔传记论集中,卡尔·文施将斯托梅尔称作"有史以来最早的和最重要的物理海洋学家"。

生平年表

1920 年	9月27日,亨利·斯托梅尔在特拉华州威尔明顿出生
1942 年	斯托梅尔获得耶鲁大学学士学位
1942—1944 年	斯托梅尔为海军学员教授解析几何和航海学
1944 年	斯托梅尔成为伍兹霍尔海洋学中心的研究助理
1944—1945 年	斯托梅尔与莫瑞斯·尤因一起改进了用于潜艇侦测的水下回声装置
1946 年	斯托梅尔开始思考海洋中主要的浅层洋流运动
1948 年	斯托梅尔发表文章,对以下现象进行了分析:漩涡西侧的风向流如湾流比漩涡东侧的风向流更狭窄,流速也更快
1955 年	斯托梅尔预测,在湾流下面还存在一个深层洋流,流向与湾流相反 英国海洋学家乔治·斯沃洛发明了一种可以停留在海洋某个特定深度的浮舟,利用它就可以测得这个深度的洋流的速度和方向
1957 年	3月,斯托梅尔和斯沃洛在美国东南岸对湾流进行跟踪调查,并对斯托梅尔关于湾流之下深层洋流的预测进行了检验和证实
1958 年	斯托梅尔发表了《湾流:一种物理学和动力学的描述》,分析了湾流等其他浅层洋流与深层洋流之间的联系
1959 年	斯托梅尔离开伍兹霍尔海洋学中心,原因是和中心的领导人发生了争吵
1960—1963 年	斯托梅尔在哈佛大学教授海洋学

1963—1968 年	斯托梅尔在麻省理工学院教授物理海洋学
20 世纪 60—70 年代	60 年代早期,斯托梅尔发表了包括"巨大的传送带"在内的温盐循环理论 斯托梅尔提倡并时常组织一些国际性科学考察,以期对世界范围内的海洋循环进行研究 斯托梅尔在印度洋、地中海等地方进行局部的洋流研究
1978 年	斯托梅尔重回伍兹霍尔海洋学研究中心
20 世纪 80 年代	初期,斯托梅尔和另外两位科学家一起,改进了海洋流动的数学模型 斯托梅尔制作了一个新的数学模型,揭示了海洋温度与盐度之间的密切关系
1983 年	斯托梅尔成为克拉夫奖得主之一
1989 年	斯托梅尔获得国家科学奖章
1992 年	1 月 17 日,斯托梅尔在马萨诸塞州法尔茅斯因心脏病发作去世

扩展阅读

图书

N. G. ·霍格(N. G. Hogg)R. X. 黄(R. X. Huang)等,《亨利·斯托梅尔合集》,3 卷本。波士顿:美国气象协会,1996 年。包括了大量的斯托梅尔自传体散文、主要著作,以及其他科学家所作的评论。

罗伯特·孔齐格,《绘制深海:海洋科学不平常的故事》,纽约:W. W. 诺顿,2000 年。其中一章论述了亨利·斯托梅尔和浅层洋流与深层洋流之间的冷暖交换。

亨利·斯托梅尔,《湾流:一种物理学和动力学的描述》,伯克利:加州大学出版社,1958 年。对湾流和其他主要浅层洋流的科学分析。

亨利·斯托梅尔,《审视海洋》,新泽西州普林斯顿:普林斯顿大学出版社,1987 年。为了向普通大众描述海洋浅层循环,斯托梅尔设计了一个故事情节:在研究船上,海洋学家(即斯托梅尔本人)与一个虚构的工程师进行对话。

文章

华莱士·布洛克,《为未来考虑还是冒发生灾难的危险》,刊载于《金融时报》,2004 年 11 月 22 日,第 16 页。哥伦比亚地球中心的教授发出警告,大气中二氧化碳含量的增加将会导致海洋温盐循环停止或方向改变,从而使地球气候发生巨大的改变。

《亨利·斯托梅尔》,刊载于《1900 年至今的著名科学家》。密歇根法明顿希尔斯:盖尔出版集团,2001 年。斯托梅尔生平和著作的简短介绍。

罗伯特·孔齐格,《在深海》(In Deep Water),刊载于《探索》第 17 期(1996 年 12 月),第 86—89 页。对温盐循环进行了描述,并解释了为什么华莱士·布洛克等科学家会认为,大气温室气体的增加会改变这个循环,从而可能导致一个新的冰河时期的到来。

卡尔·文施,《亨利·斯托梅尔:从 1920 年 9 月 27 日到 1992 年 1 月 17 日》,刊载于《国家科学院传记论集》,在线查询:http://www.nap.edu/readingroom/books/biomems/hstommel.html。2005 年 6 月 8 日访问。详细的斯托梅尔传记和作品评论,并附有一份著作年表。

托马斯·约肯(Thomas Yocum),《湾流:海洋中的河流》,海岸向导局。在线查询:http://coastalguide.com/bearings/gulfstream.shtml。2005 年 7 月 27 日访问。提供了湾流活动的历史资料,以及它与人类之间相互影响的历史。

网站

洋流与气候网站,南加利福尼亚大学。在线查询:http://earth.usc.edu/~Catalina/Oceans.html。2005 年 7 月 27 日访问。对大洋循环、它的动力系统以及它与大气之间的关系进行了清晰而简明的解释,并附有很多插图。

洋流网站,约翰霍普金斯大学应用物理实验室。在线查询:http://fermi.jhuapl.edu/student/currents。2005 年 7 月 27 日访问。面向老师和同学。对湾流、海洋大传送带(即温盐循环)和地中海洋流进行了描述和图解。

7
飞越海洋
——阿林·文和阿尔文号

有人说,阿尔文号(Alvin)像一个白色的澡盆玩具,也有人说,它更像流行儿童故事中的拖船"英雄"——"拖船小嘟嘟"(Little Toot)。由于体积小的缘故,它的灵活性也很强,驾驶员说,驾驶它就像开飞机一样,因此,虽然外形不抢眼,但它却参与了20世纪末海洋学最重要的几次探险和发现。阿尔文号上的潜水员再次背上了氧气罐,他们收集板块构造理论的证据,寻找著名远洋客轮RMS"泰坦尼克"号的残骸,探查那些就像来自另一个星球的奇怪生物体。不过话说回来,阿尔文号应该感激的不仅仅是它的名字,更是物理学家、物理海洋学家阿林·文(Allyn Vine)。

水下测深

1914年6月1日的俄亥俄州加勒茨维尔市(Garrettsville),屠夫埃尔默·文(Elmer Vine)的妻子璐璐·克林斯(Lulu Collins)生下一子,这就是阿林·文。在十几岁时,文从附近电话工厂的废品堆中收集材料,然后进行发明创造。1936年,他获得海勒姆学院(Hiram College)物理学学士学位,海勒姆学院是位于俄亥俄州海勒姆附近的一所小型学院。1940年,他从位于宾夕法尼亚州伯利恒的利哈伊大学(Lehigh University)毕业,并获得地质学硕士学位(1973年,利哈伊大学又授予他名誉博士学位)。在海勒姆学院期间,他与未来的妻子阿德莱德·荷顿(Adelaide Holton)相遇。

文在利哈伊大学的导师是莫瑞斯·尤因,即后来哥伦比亚大学拉蒙特地质学观测站(现属于地球学院)的负责人,而此观测站是世界海洋学和地质学研究的领导核心。20 世纪 30 年代末的那几个夏天,文陪同尤因一起乘坐伍兹霍尔海洋学中心的研究用船——"亚特兰蒂斯"(Atlantis)号进行了多次海上考察。1940 年,文正式成为伍兹霍尔海洋学中心的成员。

文的第一次专业研究是利用回声绘制海底地图。第二次世界大战期间,他利用这项技术帮助美国海军成功破解了水下声音传送与海水温度之间的关系。文和尤因还改造了深海温度测量器,当潜艇来往于不同的深度时,这种设备可以不间断地记录当时的温度。对于移动中的潜艇和海面船只来说,性能的提高意味着这些设备会更加有用,也更加精确。有了深海温度测量器,潜艇就可以确定海洋中温度变化层——温跃层的位置。通常情况下,海面船只利用声呐定位仪(用于声音导航和声音测距)向海面下发送声波,科学家分析这些声波的回声就可以确定敌方潜艇的位置,但如果温跃层是固体,发送的声波就会被弹回,这样,声呐定位仪就难以侦测到"隐藏"在温跃层下面的潜艇。同时,改良后的深海温度测量器还可以精确地计算出在某个深度时潜艇所需要的压舱物(额外的重量)的数量,从而增加了潜艇的安全性。为了表彰文为深海温度测量器所作出的贡献,1972 年,美国海军授予他海军部海洋学家奖,颁奖评语写道,文的发明创造拯救了"无数的生命和上百万美元的船只设备"。

阿林·文是世界最著名的人控研究潜艇(即阿尔文号)之父。(伍兹霍尔海洋学中心)

从战争结束一直到 1950 年左右,文一直在海军部兼职(他的主要工作是在伍兹霍尔海洋学中心),后来他也经常为海军部提供咨询。根据维多利亚·A.卡哈尔(Victoria A. Kaharl)在《水之子:阿尔文号的故事》(Water Baby: The Story of Alvin)中的记录,文在海洋学设备和船只设计改进方面提供了如此多的意见,以至于"曾经有个海军官员说,战后海军部所进行的研究有 1/3 都来自文的想法"。有些想法看起来很奇怪,但他的朋友拉玛尔·沃泽尔(Lamar Worzel)在1914年(此时文已经去世)说道,"某些想法最初看起来很不合逻辑,但当最终完成以后,你会发现,它是多么伟大的胜利啊"。

小海豹

在潜艇工作的经历使阿林·文确信,潜艇或者类似的潜水器对海洋学研究非常重要。文认为,出于安全方面的考虑,战争期间的潜艇都没有视窗,但是和平时期的潜艇不再需要这种自我保护措施。这样,通过潜艇的窗户,人类就可以对深海的地质结构和深海生物进行直接观察。1956年2月29日,在华盛顿的一次海洋学会议上,文发表讲话,"如果想测量什么东西的话,一个好的工具比人要更有效,但人却更聪明,他可以感知未成形的东西,并能够对问题做出解答"。

文的陈述得到的是一片沉默,这说明大多数听众都不同意他的观点。不过,文很快就在雅克·皮卡尔德和奥古斯特·皮卡尔德"的里雅斯特"号的同事中找到了自己的支持者。1957年,海军研究办公室在意大利对"的里雅斯特"号进行试潜,文当时也参与了整个过程,他对这次试潜印象深刻,并极力推荐海军研究办公室购买"的里雅斯特"号。不过,他也意识到了这个潜水器的局限:虽然它潜入的深度是其他潜水器所无法达到的,但它的视窗太小,而且它几乎无法横向移动。1958年,在购入"的里雅斯特"号之后,海军官员唐纳德·沃尔什(Donald Walsh)开始管理这个潜艇,安德里亚·里奇尼兹(Andreas Rechnitzer)则是负责潜艇计划的首席科学家,他们在事后都曾对文说过,他们中意的潜艇应该更小、更灵活,而且有大大的窗户。

哈罗德"老兄"弗罗林奇(Harold "Bud" Froehlich)负责为"的里雅斯特"号制作机械臂,他也更喜欢小型的潜水器。弗罗林奇在明尼苏达的一家大型企业——通用磨房(General Mills)工作。这家工厂以制造早餐麦片而闻名,不过它也拥有一个机械部,用来设计并制造先进的设备。

在与文、里奇尼兹和沃尔什就理想的科研潜艇应具备的特征进行商谈后,1958年前后,弗罗林奇绘制了新潜水器的草图,并亲切地把它称为"小海豹"。他提议,就像威廉·贝比的深海潜水球或皮卡尔德潜水器的压力舱一样,"小海豹"也应该有一个乘务舱,这个舱应该是铁质的球体,两边收缩,形状就像鱼一样。整个潜水器的长度只有18英尺(5.5米)。

"小海豹"潜入的深度虽然不如深海潜水器深,但比一般的潜艇还是要深许多,而且更重要的是,它能够在水下移动相对长的距离。

建造潜水器

1962年初,弗罗林奇试图说服海军研究办公室的负责人查尔斯·B."瑞典人"马森(Charles B. "Swede" Momsen)赞助修建"小海豹"。当时马森正在考虑雷诺兹金属公司(后来的雷诺兹铝业)J. 路易斯·雷诺兹(J. Louis Reynolds)的提案,即建造一个大型的潜水器——"阿鲁明纳"号(Aluminaut)。要得到海军部的财政拨款,马森必须找到一个愿意租借这个潜水器的研究机构,以便分担潜水器建造时所需的费用。1958年,在文的强烈推荐下,伍兹霍尔海洋学研究中心决定向马森提供援助。但此时他们与雷诺兹的谈判却破裂了。

不过,马森以及包括文在内的伍兹霍尔海洋学研究中心的科学家都很满意弗罗林奇的设计。1962年春,马森和伍兹霍尔海洋学中心发出联合公告,对潜水器建造进行公开招标。弗罗林奇所在的通用磨房最终中标,1962年9月4日,这个食品巨头与伍兹霍尔海洋学中心签订了合约。

早在合约签订之前,参与这个项目的伍兹霍尔海洋学中心的研究小组——他们自称为深海潜水组,已经决定将这个未来的潜水器命名为阿尔文号。从官方解释来看,这个名字是阿林·文姓名的缩写,因为正是由于他对潜水器重要性的一贯坚持,才会有阿尔文号的出现。然而,从非官方角度来看,这个名字的灵感应来源于伍兹霍尔海洋学中心总部办公室门上的图像。图中画的是一只花鼠,它是一首流行歌曲中的主角,后来还被拍成了动画片,而且它的名字就叫阿尔文。

在通用磨房与伍兹霍尔海洋学中心签订合约后不久,利顿工业公司(Litton Industries)就并购了通用磨房的机械部,并于1962年末开始建造阿尔文号。利顿公司委托得克萨斯州的 Hahn&Clay 公司制作乘务舱,希望他们利用一种格外坚固的钢合金——HY100来制作3个乘务舱。每个乘务舱直径6英尺10英寸(2.06米),壁厚1.33英寸(3.37厘米)。

1964年2月,位于圣安东尼奥的西南研究中心,利用最新型的坦克对其中的一个乘务舱进行了承压能力测试。工程师们本来打算通过增加坦克上的压力来给球体不断增压,直到球体碎裂并完全毁坏。但事实

> **科学成果：　　　　　轻型塑料**
>
> 　　阿尔文号的船体，即乘务舱的外壳部分，所使用的材料不但要轻，而且要能够承受巨大的压力。设计师选用了一种叫复合泡沫塑料的新材料，它由数百万个中空的小球组成，环氧树脂将这些小球黏合成一个坚固的整体。在黏合之前，这些小球都经过了一定的加工，它们的大小以及其他特性都极其接近，而普通塑料则是在液体状态下被注入气体，就像吹肥皂泡一样，这样形成的小球相互之间的差异就比较大。复合泡沫塑料的浮力非常大，根据罗伯特·巴拉德的描述，"一块冰柜大小的复合泡沫塑料，所拥有的浮力能够托起一吨的重物"。而且它非常坚固，极难被压碎。
> 　　阿尔文号使用的复合泡沫塑料，其中的泡沫是由玻璃制成，当然，利用陶瓷（陶土）和聚合材料（塑胶）也能制成相似的泡沫塑料。现在，复合泡沫塑料被广泛应用于工业领域，大到高性能的飞机制造，小到可以过时开启的医药胶囊，已经成为日常生活中必不可少的一部分。毫无疑问，它们最主要的用途之一是制造像阿尔文号这样的设备，范围包括了从标志浮标到近海石油勘探等各种水上漂浮物。
> 　　在不久的将来，可能会出现由铝或其他金属制成的复合塑料。它们将拥有和固体金属一样的硬度，但重量却轻了一半，这对航天航空工业来说将会是一个非常大的转变。要使未来新一代的太空"驮马"——航天飞机，既成本低廉同时又性能可靠，复合金属塑料就显得相当重要了，这与复合玻璃塑料对阿尔文号的重要性可以相提并论，而阿尔文号也可以算作深海研究的"驮马"。

是，坦克竟然先报废了。当压力增加到与水下 1 万英尺（3030 米）的水压相同时，坦克的保险阀突然爆裂，惊吓中的工程们又被坦克里的汽油淋了一身。而位于一旁的乘务舱则安然无恙，几乎毫发未损。

阿尔文号启航

　　1964 年 5 月，阿尔文号竣工。完成后的潜水器长 22 英尺（6.6 米），宽 8 英尺（2.4 米）。阿尔文号的白色外壳由玻璃纤维制成，这种材料既坚固又轻便，球体顶部有一个名为瞭望塔的凸出部分，在球体后方是一个巨大的螺旋桨，两侧各有两个稍小一点的螺旋桨，其中一边还有一个不锈钢的机械臂，其末端带有一个钳子或爪子。乘务舱能够容纳 5 个人，还开有 5 个窗户：朝前一个，两侧各一个，向下一个，向上一个，而上面这个就是球体顶部的舱门。球体的下层用来存放电池组和压舱物。

6 月 5 日，阿林的妻子阿德莱德在伍兹霍尔"启动"了阿尔文号。她将一瓶香槟洒在阿尔文号的机械臂上，从而以最古老的方式为阿尔文号进行了洗礼。文已经告诉了她，机械臂是这个潜水器外壳最坚固的部分。当香槟沫漫过那个他曾付出心血的潜水器时，阿林乘坐的法国潜艇"阿基米德"号正处于大西洋水下 3 英里（4.8 千米）。不过，他及时地回到了伍兹霍尔海洋学中心，并在 8 月参加了阿尔文号的第二次载人潜水。

在 40 年的职业生涯中（1964—2004 年），阿林共进行了 1000 多次潜水，那时所进行的重要的深海探险，他大部分都参加了。（伍兹霍尔海洋学中心）

伍兹霍尔海洋学中心深海潜水组的下一个工作是为阿尔文号建造一个母舰。这种水上船只可以将潜水器运送到潜水地点。伍兹霍尔的工程师丹·克拉克（Dan Clark）把两条 96 英尺（29 米）长的海军弃用浮舟，即平底船，整合成了一条双体船，并从其他船只上弄到了主机。两条铁拱把这两个平底船连接起来，铁拱下面还悬挂着阿尔文号的支船架。1965 年 3 月，这艘母舰完成，潜水组按阿林母亲的名字把它命名为"璐璐"（Lulu）。在《无尽的黑暗：深海探险的个人史》中，探险家、海洋学家罗伯特·巴拉德这样说道，"璐璐"是"我迄今见过样子最奇怪的船"。

搜寻炸弹

很快，阿尔文号就获得了一次验证自己实力的机会。1966年1月17日，正在西班牙海岸上空进行冷战时期常规巡逻的美国空军B-52轰炸机，与正要给它加油的空中加油机突然发生碰撞，当时机上载有4颗氢弹。两架飞机同时坠落，机上人员大部分丧生，所搭载的氢弹虽然是真正的弹头，却并未打算投放。其中3颗落到了陆地上，并很快被找到。但第四颗却失踪了。陆军官员断定，它肯定是落入了大海中。

大家一致认为，必须立刻找回丢失的炸弹。新闻报道也引发了世界性的恐慌，认为致命性的武器将被引爆，西班牙南部正处于潜在的危险之中。美国军方也忧心忡忡，他们既害怕苏联截获这枚炸弹并得知其中的秘密，又害怕恐怖分子找到这枚炸弹，对美国进行威胁。于是，海军部派遣多架货机，将阿尔文号和它之前的对手——雷诺兹"阿鲁明纳"号（1964年完工，同年，阿尔文号启航）运到了西班牙，以便协助进行研究。

那里的海底崎岖不平，充满了悬崖和峡谷，他们需要更加仔细地搜寻；海底的泥土非常容易被搅动，稍不慎海水就变得浑浊不堪，因此，他们必须把海底泥土打包运走，这样的工作持续了1个月。3月5日，在水下2550英尺（758米）深的一个陡峭斜坡上，阿尔文号上的3名船员终于找到了这颗炸弹，当时，弹身上还缠绕着一个巨大的降落伞。

阿尔文号在降落伞上系上起重绳，另一艘前来援助的研究船——"米萨号"（Mizar），试图将这枚炸弹拖出海面。但不幸的是，起重绳断了，炸弹再次落入了海底。阿尔文号和"阿鲁明纳"号不得不再次开始搜寻，9天后他们终于又找到了它。这次炸弹落到了一个峡谷，比第一次落入的地点要深360英尺（109米），而且它所处的位置是一个悬崖的边缘，这个悬崖高800英尺（242米）。

海军部担心炸弹永久失踪，于是他们使用了水下搜寻器（CURV），这是一种通过电缆控制的全自动设备，主要用来搜寻鱼雷。水下搜寻器寻找炸弹的第一次尝试就成功了，不过它却和降落伞缠在了一起。海军部不想面对以后可能出现的失败，于是海面研究船上的指挥者决定，将水下搜寻器、炸弹以及降落伞一起打捞上来。1966年4月7日，这枚炸弹终于被打捞上来，大家都松了一口气，此时距它失踪几乎已经3个月了。

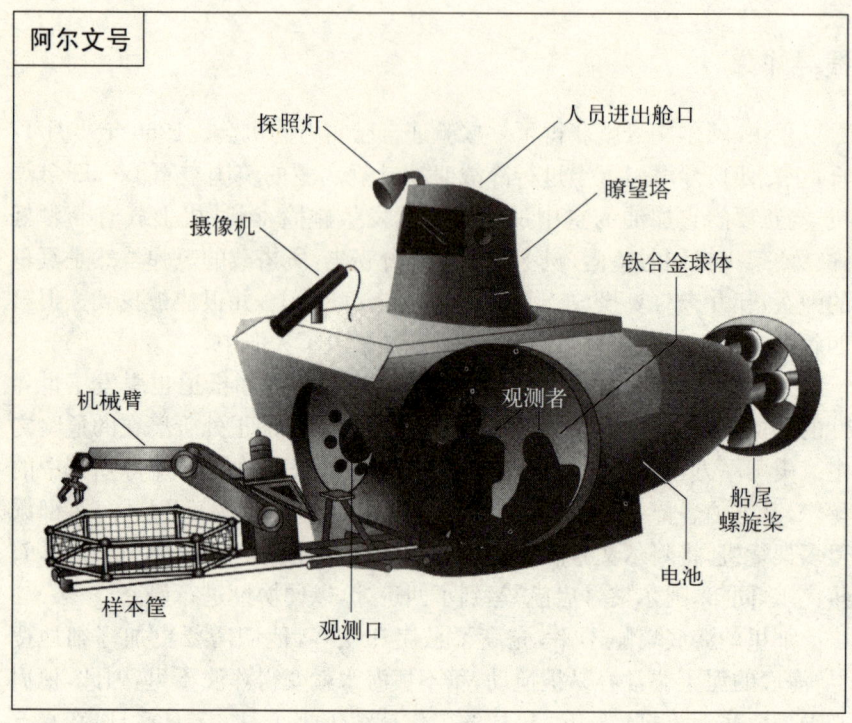

此图是1975年阿尔文号的结构图。不久后,它的外形和结构也发生了改变,比如又增加了一个机械臂,船体和乘务舱也变得更加坚固。

沉没的潜艇

1968年,阿尔文号自己也遇到了麻烦。在10月16日一次普通的下水中,"璐璐"号上用来支撑支船架的两根缆绳突然断裂,还没关闭舱门的阿尔文号就掉入了水中。潜艇上的3名船员很快逃离,但潜艇却被海水灌满了,并最终沉到了5000英尺(1515米)深的海底。由于暴风雨的天气及其他原因,直到1969年6月,科学家通过"米萨"号的水下摄影机才最终确定了阿尔文号的位置。

1969年9月,阿尔文号终于"获救",这次成功的打捞,部分归功于"米萨"号,部分则应归功于阿尔文号的老搭档——"阿鲁明纳"号。为了把提升棒插入潜艇的舱口,"阿鲁明纳"号船员不得不把阿尔文号的瞭望台打碎。提升棒上系着的一根尼龙绳与"米萨"号上的绞盘相连,船员们

搜寻炸弹

很快，阿尔文号就获得了一次验证自己实力的机会。1966年1月17日，正在西班牙海岸上空进行冷战时期常规巡逻的美国空军B-52轰炸机，与正要给它加油的空中加油机突然发生碰撞，当时机上载有4颗氢弹。两架飞机同时坠落，机上人员大部分丧生，所搭载的氢弹虽然是真正的弹头，却并未打算投放。其中3颗落到了陆地上，并很快被找到。但第四颗却失踪了。陆军官员断定，它肯定是落入了大海中。

大家一致认为，必须立刻找回丢失的炸弹。新闻报道也引发了世界性的恐慌，认为致命性的武器将被引爆，西班牙南部正处于潜在的危险之中。美国军方也忧心忡忡，他们既害怕苏联截获这枚炸弹并得知其中的秘密，又害怕恐怖分子找到这枚炸弹，对美国进行威胁。于是，海军部派遣多架货机，将阿尔文号和它之前的对手——雷诺兹"阿鲁明纳"号（1964年完工，同年，阿尔文号启航）运到了西班牙，以便协助进行研究。

那里的海底崎岖不平，充满了悬崖和峡谷，他们需要更加仔细地搜寻；海底的泥土非常容易被搅动，稍不慎海水就变得浑浊不堪，因此，他们必须把海底泥土打包运走，这样的工作持续了1个月。3月5日，在水下2550英尺（758米）深的一个陡峭斜坡上，阿尔文号上的3名船员终于找到了这颗炸弹，当时，弹身上还缠绕着一个巨大的降落伞。

阿尔文号在降落伞上系上起重绳，另一艘前来援助的研究船——"米萨号"（Mizar），试图将这枚炸弹拖出海面。但不幸的是，起重绳断了，炸弹再次落入了海底。阿尔文号和"阿鲁明纳"号不得不再次开始搜寻，9天后他们终于又找到了它。这次炸弹落到了一个峡谷，比第一次落入的地点要深360英尺（109米），而且它所处的位置是一个悬崖的边缘，这个悬崖高800英尺（242米）。

海军部担心炸弹永久失踪，于是他们使用了水下搜寻器（CURV），这是一种通过电缆控制的全自动设备，主要用来搜寻鱼雷。水下搜寻器寻找炸弹的第一次尝试就成功了，不过它却和降落伞缠在了一起。海军部不想面对以后可能出现的失败，于是海面研究船上的指挥者决定，将水下搜寻器、炸弹以及降落伞一起打捞上来。1966年4月7日，这枚炸弹终于被打捞上来，大家都松了一口气，此时距它失踪几乎已经3个月了。

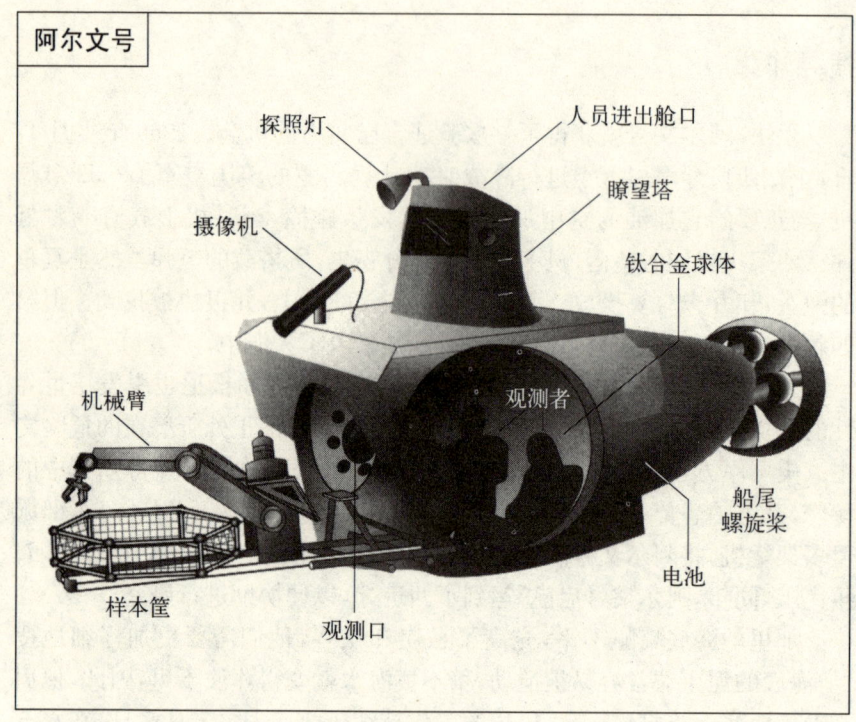

此图是1975年阿尔文号的结构图。不久后,它的外形和结构也发生了改变,比如又增加了一个机械臂,船体和乘务舱也变得更加坚固。

沉没的潜艇

1968年,阿尔文号自己也遇到了麻烦。在10月16日一次普通的下水中,"璐璐"号上用来支撑支船架的两根缆绳突然断裂,还没关闭舱门的阿尔文号就掉入了水中。潜艇上的3名船员很快逃离,但潜艇却被海水灌满了,并最终沉到了5000英尺(1515米)深的海底。由于暴风雨的天气及其他原因,直到1969年6月,科学家通过"米萨"号的水下摄影机才最终确定了阿尔文号的位置。

1969年9月,阿尔文号终于"获救",这次成功的打捞,部分归功于"米萨"号,部分则应归功于阿尔文号的老搭档——"阿鲁明纳"号。为了把提升棒插入潜艇的舱口,"阿鲁明纳"号船员不得不把阿尔文号的瞭望台打碎。提升棒上系着的一根尼龙绳与"米萨"号上的绞盘相连,船员们转动绞盘,把灌满了水的阿尔文号提到了水下 50 英尺(15 米)的地方。由于船上的甲板无法承受阿尔文号的重量,因此,先是潜水员把它缠上绳子和网,然后"米萨"号再把它拖到马撒葡萄园岛(Martha's Vineyard)附近的平静海域。

令人惊讶的是,除了"阿鲁明纳"号毁坏了它的瞭望塔之外,这个小潜水器竟如此坚韧,丝毫没有一点大伤。而船员们落下的三明治,尽管被水泡过了,但仍然可以食用。事实上,他们留在潜艇内的午饭,很多都比在冰箱里保存的还要好。科学家断定,在氧气稀薄、温度接近冰点的水下,由细菌引起的腐烂比在陆地上缓慢的多。因此,一些人所提议的垃圾处理方案,即将它们倾倒入深海,看起来并不是一个明智的选择,因为在深海中垃圾不会很快分解。

1968 年的这次沉没是阿尔文号的最大危机,但却不是唯一的危机。1967 年,它被一条剑鱼攻击。1971 年,另一种大型鱼类,大马林鱼,又攻击了它。不过,它们对潜艇主体并没有造成什么伤害,相反,它们自己受的伤可能更严重。剑鱼前端的"剑"插入了阿尔文号的玻璃纤维外壳中,它无法动弹,并被一直拖到了海面,最终成为船员晚饭餐桌上的美味。

法美中大洋海底研究工程

1974 年,阿尔文号参与了法-美中大洋海底研究(French-American Mid-Ocean Undersea Sutdy),简称 FAMOUS 工程,向海洋科学界展示了自己的真正实力。为了更好地了解地壳运动,全球范围内展开了科学研究的热潮,这个工程就是其中的一部分。两艘法国潜艇和阿尔文号一起参与了这个工程,它们是:"西安纳"号(Cyana,从雅克·库斯托"蝶形潜水器"演变而来,比阿尔文号稍轻,潜入深度为 1 万英尺[3030 米]),"阿基米德"号(皮卡尔德 FNRS-3 的后继潜艇)。它们一起探测了大西洋中脊及其峡谷,这些巨大的海底地貌因布鲁斯·希森和玛丽·萨普的海底绘图、20 世纪 60 年代板块构造理论所进行的研究而闻名于世。法美中大洋海底研究工程不仅对大西洋中脊进行了第一次人工勘测,同时,它也开创了载人潜艇大规模联合作业的先河。

工程负责人决定勘测大西洋中脊北纬 36°—37°的部分,这个区域方圆 60 英里(96 千米),和美国大峡谷差不多大小。勘测点的具体方位是亚述群岛(Azores)西南 400 英里(640 千米),正位于纽约和葡萄牙里斯本之间。这个区域被认为是大西洋中脊上普通的一段,而且以每年 1 英寸(2.54 厘米)的速度进行着活跃的海底扩张运动。

在潜艇进行潜水之前,研究者要在海上对这个区域进行细致的声呐和地震测试,并利用可移动摄像机拍摄海底地图,这个过程大约需要好几年的时间。1973 年 8 月 2 日,法国方面负责这个项目的首席科学家艾克沙维·李比雄(Xavier Le Pichon)乘"阿基米德"完成了这个工程的第一次潜水。1974 年,阿尔文号和"西安纳"号也加入了进来。阿尔文号刚刚改装了一个新的乘务舱,与过去的铁质球体不同,新的乘务舱由极其坚固且轻便的钛铁合金制成,因此它可以下潜到水下 1.2 万英尺(3636 米),几乎是过去下潜深度的两倍。改造后的阿尔文号就可以与"西安纳"号一起,探测峡谷中的最深区域,那里的平均深度是 9500 英尺(2879 米)。

在峡谷中心的海底上,科学家们发现了无数的裂缝,这些裂缝和中脊几乎完全平行,宽度从 1 英寸(2.54 厘米)到几码的都有。岩浆从这些裂缝中喷出,冷却之后形成了枕状熔岩,这种火山岩在大陆上从未发现。根据不同的形状,研究者给这些枕状熔岩起了各种名字,比如"干草堆"、"牙膏"、"打碎的鸡蛋"等等。在峡谷中心还有一个狭窄的新火山带,由于地震不断发生,这里的岩石都被粉碎成了一堆堆的碎片。之后,科学家对从峡谷中收集的岩石样本进行了测定,结果显示,这些岩石的历史都不到 10 万年,以地质学标准来说,它们才形成没多久。

那年夏天,3 艘潜艇共进行了 44 次潜水。它们带回了 3000 多磅(1362 千克)的岩石样本、无数的水样本、一些沉积岩心以及 10 万多张照片。这些数据再加上潜艇上工作人员的观测报告,都为哈里·赫斯的海底扩展理论提供了决定性的证据,而且,它也发展了板块构造理论,之前这个理论的所有知识都是 20 世纪 60 年代科学家们用更间接的方式获得的。

海底驮马

在为海洋科学服务的 40 年间,阿尔文号把来自不同单位的无数研究者运到了深海中,有了阿尔文号的帮助,他们才完成了那些重大的发现。1987 年,伍兹霍尔海洋学中心负责潜艇设计的巴里·奥尔登(Barrie Walden)向《深海》(The Deep Sea)的作者约瑟夫·华莱士(Joseph Wallace)说道:"(阿尔文号),地质学家用它来研究海底的组成;微生物学家用它来获取新品种的深海细菌;化学家则试图用它来洞察地球的化学作用。"

在它的服役生涯中,阿尔文号的基础设计基本没变,但却经历了多次修改和完善,其中最大的改变应该是 1973 年更换新的钛合金乘务舱。1978 年,它更换成钛合金舱架,又安装了一条机械臂。这些改进使实际下潜深度比预期的安全操作深度多出两倍还多,从 20 世纪 60 年代的 6000 英尺(1818 米)一下提高到 1994 年的 1.4764 万英尺(4500 米)。1994 年是阿尔文号启航 30 周年,到那时为止,这个潜艇上的所有元件都早已被更换掉了。

在阿尔文号 6 月的"生日"时,阿林·文却没能庆祝那个重要的时刻。他在伍兹霍尔度过了辉煌的 40 年职业生涯。起初,他是作为一个物理学家进入了伍兹霍尔海洋学中心,1950 年他又被分在海洋学部,1963 年成为资深科学家。此外,他还设计了别的海洋学研究工具和设备,例如,性能更好的回声测深仪和可以拍摄海底画面的摄像机。20 世纪 70 年代初,他发明了新方法,在恶劣的天气条件下可以更好的搬运重型设备、潜艇和小船。

未来趋势: **他们能到达多深**

下表显示的是,利用不同的潜水保护装置或潜水器,人类所能达到的最大深度。

潜水者或潜水器(Diver or Diving Vessel)	最大深度(Greatest Achievable Depth)
装备有水下呼吸器的潜水者	一般认为,在 100 英尺(30 米)以下潜水是危险的,而在 250 英尺以下(76 米)就更加危险,这是因为,血液中的氮会造成一种精神混乱,即氮麻醉。但是,在 2003 年,装备着水下呼吸器的潜水员创造了 1033 英尺(313 米)的潜水记录
核潜艇	800—1000 英尺(242—300 米)
穿铠装潜水服的潜水者	1968 英尺(600 米)
深海潜水球	3028 英尺(923 米),1934 年 8 月 15 日创造的纪录
阿尔文号潜艇	1.4764 万英尺(4500 米)
载人潜艇	2.1414 万英尺(6526 米),1989 年 4 月 11 日由日本 3 人潜艇"深海 6500"(Shinhai 6500)创造的纪录
深海潜水器	3.5802 万英尺(9848 米),1960 年 1 月 23 日"的里雅斯特"号创造的纪录

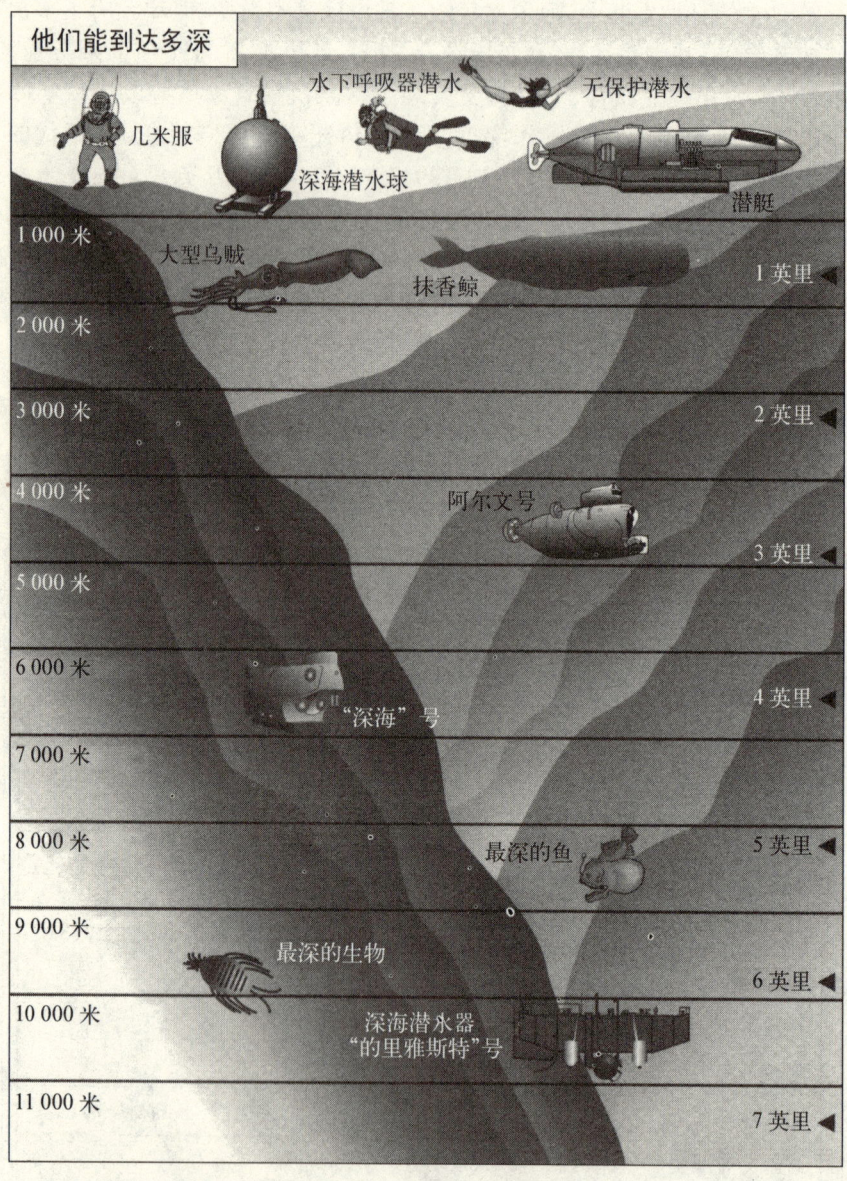

这个图表对无保护的个人、潜艇以及一些动物所能达到的最大深度进行了图解。例如，抹香鲸能到达水下3773英尺（1150米）。20世纪90年代，史密斯协会进行一次名为"海洋星球"（Ocean Planet）的展览。根据这次展览的数据，鱼所在的最深纪录是2.7460万英尺（8370米），而一种无脊椎动物创造了动物所能达到的最深纪录——3.2199万英尺（9789米）。

1982年，文被选为国家工程院院士，并获得了多项荣誉，包括：为海洋学和工程学所设立的洛克希德奖（Lockheed Award），船舶设计师和海洋工程师协会所设立的布莱克里·史密斯奖章（Blakely Smith Metal），这两个奖都是在1987年获得的。1979年，他从伍兹霍尔退休，不过他仍以荣誉科学家的身份继续在那里工作。1994年1月4日，文在伍兹霍尔小镇的家中因心脏衰竭而去世。在他去世后，美国当代海军史专家加里·威尔（Gary Weir）这样评价文："他是当代科学的中枢，他的思想既天马行空又前后关联，这是其他人所无法比拟的。"

　　在文去世后，阿尔文号又服役了10年，共完成了4000多次潜水。不过，就在2004年10月，伍兹霍尔海洋学中心宣布，这个古老的潜艇不久后将会退休。取而代之的是一个更先进的航行器，虽然尚未命名，但预计会在2008年开始服役。这个新式潜艇的预期潜水深度是2.1450万英尺（6500米），比阿尔文号的潜水深度多6600英尺（2000米），这意味着世界99%的海底它都可以到达。毋庸置疑，这个新潜水器将会取得伟大的成就，但这也无法抹杀阿尔文号对人类历史的影响，正是凭借这个又小又奇怪的航行器，人类才第一次如此仔细地看到了海底的样子。

生平年表

1914年	6月1日，阿林·克林斯·文在美国俄亥俄州加勒茨维尔出生
1936年	文获得海勒姆学院物理学学士学位
1940年	文获得利哈伊大学地质学硕士学位 文加入伍兹霍尔海洋学中心
1940—1945年	文和莫瑞斯·尤因改进了深海温度测量器
1945—1950年	文一边在伍兹霍尔工作，一边在海军部兼职
1956年	2月29日，在一次学术会议上，文提议建造一种可载人的潜水艇
1958年	弗洛克林设计了潜水器，并命名为"小海豹" 海军研究办公室和伍兹霍尔海洋学中心与雷诺兹钢铁公司，开始商谈建造大型潜艇"阿鲁明纳"号的事宜

1962年	与雷诺兹的谈判破裂 春天,伍兹霍尔海洋学中心为"小海豹"公开招标 伍兹霍尔海洋学中心决定将这艘潜艇命名为阿尔文号 9月4日,通用磨房签订合约,决定建造潜艇 利顿工业公司开始接手潜艇的建造工程
1963年	文成为伍兹霍尔海洋学中心的资深科学家
1964年	2月,在西南研究中心用坦克对压力舱进行了测试,结果坦克反而先报废了 6月5日,阿尔文号开始在伍兹霍尔海洋学中心服役
1965年	3月,阿尔文号的第一个母舰"璐路"完工
1966年	1月17日,飞机失事后,一颗氢弹落入了西班牙附近的海域中 3月15日,阿尔文号船员找到了丢失的炸弹 4月7日,炸弹被成功找回
1967年	阿尔文号被剑鱼袭击
1968年	10月16日,阿尔文号的支船架绳索断裂,它沉入5000英尺(1515米)的海底
1969年	6月,"米萨"号上的摄影机在海底找到了阿尔文号 9月,阿尔文号被打捞上来,并被运回了伍兹霍尔
1972年	文获得海军部的嘉奖
1973年	阿尔文号更换成钛合金乘务舱 8月2日,法-美中大洋海底研究工程的第一次潜水进行,也是人类第一次对大西洋中脊进行直接的观测
1974年	夏季,阿尔文号开始参与法-美中大洋海底研究工程
1978年	阿尔文号增加了一个钛合金框架和一个机械臂

1979 年	文从伍兹霍尔海洋学中心退休
1982 年	文入选国家工程院院士
1987 年	文获得了两个奖项
1994 年	1月4日,文因心脏衰竭在伍兹霍尔去世 6月,阿尔文号启航30周年庆典
2004 年	伍兹霍尔宣布,阿尔文号不久将退役

扩展阅读

图书

罗伯特·D. 巴拉德,威尔·海威里(Will Hively),《无尽的黑暗:深海探索的个人史》,新泽西普林斯顿:普林斯顿大学出版社,2000 年。有关阿尔文号历史及航行的丰富资料。

罗伯特·F. 伯格斯(Robert F. Burgess),《海下之舟:潜艇和水下航行器的历史》(Ships beneath the Sea: A History of Subs and Submersibles),纽约:麦格劳·希尔出版公司(McGraw-Hill),1975 年。详细描述了寻找氢弹的过程,也有法-美中大洋海底研究工程的详细资料。

威尔·弗尔曼(Will Forman),《美国深海潜水器运行史》(The History of American Deep Submersible Operations),亚利桑那州弗拉格斯塔夫(Flagstaff):最佳出版公司,1999 年。有关阿尔文号的文章。

伯纳德·L. 戈登(Bernard L. Gordon)等,《人类与大海:海洋探险的经典陈述》(Man and Sea: Classic Accounts of Marine Exploration),纽约加登城(Garden City):双日出版社(Doubleday)/美国自然历史博物馆,1972 年。阿尔文号驾驶员 Jr. 威廉·O. 里尼(Jr. William O. Rainnie)对氢弹搜寻的记录。

维多利亚·A. 卡哈尔,《水之子:阿尔文号的故事》,纽约:牛津大学出版社,1990 年。对阿尔文号的建造过程、它所进行的多次潜水以及它对深海开发所作的贡献都有论述。

约瑟夫·华莱士,《深海》,纽约:画廊图书(Gallery Books),1987 年。这本插图书对深海的各方面和关于这个不寻常区域的科学探索进行了很好的图解,其中也涉及了有关阿尔文号的资料。

文章

罗伯特·D. 巴拉德,《潜入大峡谷》,刊载于《国家地理》第 148 期(1975 年 5 月),第

604—615页。1974年,在法-美中大洋海底研究工程中乘阿尔文号进入大西洋中脊峡谷的人名录。

威廉·迪克(William Dicke),《阿林·文,79岁,去世;潜艇倡导者》,刊载于《纽约时报》,1994年1月8日,第30页。阿林去世的讣告,详细记录了他的早年生活和成就。

J. R. 海茨勒(J. R. Hiertzler),《地球在何处里外承接》,(Where the Earth Turns Inside Out),刊载于《国家地理》第148期(1975年5月),第586—603页。描述了法美中大洋海底研究工程所调查的地貌及其所验证的理论。

《阿尔文号的历史》,伍兹霍尔海洋学中心。在线查询：http：//www.whoi.edu/marops/vehicles/alvin_history.html。2005年7月7日访问。阿尔文号潜水和发现的编年史。

大卫·奥苏米-萨瑟兰德(David Osumi-Sutherland),《将被淘汰的古老深海潜艇》,刊载于《自然》第430期(2004年4月6日)。宣布了阿尔文号即将退役的消息,并描述了阿尔文号的后继潜艇,而且比较了阿尔文号等人控潜艇和机控潜艇各自的优势。

8
管虫与泰坦尼克号
—— 罗伯特·巴拉德及水下探险

20世纪末,无论发生于何时的海洋学重大发现,似乎都能找到罗伯特·巴拉德(Robert Ballard)的身影。他是第一批探索大西洋中脊的科学家,并因此为板块构造理论提供了直接的论据。他也是最早对生活在海底热水口的奇怪生物群进行研究的探险家。他参与了发现"黑烟囱"的探险,这种像火山一样的海底烟囱会喷出黑色颗粒浓雾,进而形成了地球上的矿产。

巴拉德既致力于建造载人潜艇和自动化潜艇,同时也设计了深海图像设备。利用这些设备,他发现并勘测了可能是有史以来最有名的失事船只——RMS"泰坦尼克"号的残骸,从而将海洋学与考古学成功地结合了起来。此外,他也勘测了许多其他的失踪船只,并最终建立了深海考古学。不过最重要的是,就像威廉·贝比和雅克·库斯托所做的那样,巴拉德激发了一代人保护和开发海洋的热情。因此,他可能是世界上最有名的海洋学家。

加利福尼亚梦想家

1942年6月30日,罗伯特·杜南·巴拉德在堪萨斯州威奇托(Wichita)出生,不过他是在海边长大的。他的父亲切斯特·巴拉德(Chester Ballard)是一个工程师,在航空航天局工作,在巴拉德出生后不久,父亲就带着妻子哈利特(Harriet)和他们的3个孩子搬到了加里福尼亚的圣迭戈。在第二次世界大战期间及之后,圣迭戈到处是海军官员,所以，当巴拉德还是一个孩子时，他就听说了很多海战的故事。

罗伯特·巴拉德发现了远洋油轮"泰坦尼克"号的残骸，他也是许多深海失事船只主机的发现者。他参与了20世纪末很多伟大的海洋学发现，比如，为板块构造理论收集了直接证据的潜水，比如海底热液口的发现，在这些热液口周围生活的生物群和之前所知的地球生物都不相同。

在巴拉德长大一些后，他读到了儒勒·凡尔纳的小说《海底20 000里》，并梦想成为像书中尼莫船长一样的水下探险家。此后，他就开始钓鱼、冲浪、用通气管潜水，最后在十几岁时学会了用水下呼吸器进行潜水。他给位于拉霍亚的斯克利普斯海洋学中心写信，询问如果想更多的了解海洋应该做些什么。巴拉德的信使斯克利普斯的海洋学家诺里斯·雷克斯多（Norris Rakestraw）深受感动。在他的帮助下，巴拉德参加了1959年斯克利普斯所举办的夏令营。作为夏令营的内容之一，他跟随斯克利普斯的研究船进行了旅行，这次旅行使他坚定了成为海洋学家的信念。

在选择大学时，巴拉德接受了另一位斯克利普斯科学家的建议，选择了加州大学圣巴巴拉分校来完成本科学业（和圣迭戈一样，圣巴巴拉也是海滨城市）。他主修了化学和地质学的双学位，并于1965年毕业。接着他又在夏威夷大学地球物理中心学习了一年。为了赚取生活费和支付南加州大学研究生第二年的学费，他在一个海洋公园训练海豚并和它们一起表演。1966年，他与医院接待员马乔里·玛格布森（Marjorie Jacobsen）结婚，并很快有了两个儿子。巴拉德和他的妻子以离婚收场，1991年，巴拉德与巴巴拉·厄尔（Barbara Earle）结婚，并又生了两个孩子。

在大学期间，巴拉德是预备役军官培训团（ROTC）的成员，1967年，在从美国陆军调任到海军后，他被要求立即服役。海军部任命他为联络官，负责海军研究办公室和伍兹霍尔海洋学中心之间的联络工作。伍兹霍尔海洋学中心位于马萨诸塞州科德角，是一个民间非营利的研究组织。

1970 年，巴拉德在海军部服役结束，此后他留在了伍兹霍尔海洋学中心，并担任海洋工程方面的研究助理。1974 年，他完成了在罗得岛大学（University of Rhode Island）的研究生课程，并获得了海洋地质学和地球物理学的博士学位，他的毕业论文选择了在当时还很有争议的板块构造理论作为主题。

潜艇提倡者

当罗伯特·巴拉德还是一个年轻海军军官时，刚刚进入伍兹霍尔海洋学中心的他就懂得抓住一切可以探索深海的机会，而且作为他的特殊爱好，他尝试了各种各样的深海航行器。1969 年，他乘雅克·皮卡尔德设计的中船"本·富兰克林"号，在湾流之下进行了为期一个月的航行，从而完成了他的第一次水下之行。之后他乘海军部建造的"的里雅斯特 II"号进行了潜水，这是曾创造潜水纪录的"的里雅斯特"号的后继者。

在伍兹霍尔期间，他对海洋学中心的三人潜艇——阿尔文号，非常熟悉。巴拉德第一次驾驶阿尔文号是在 1971 年，但到 1972 年底，他已经成为驾驶阿尔文号次数最多的科学家。20 世纪 70 年代初，由于政府和科学界对水下探险的兴趣逐渐减弱，阿尔文号和其他潜水器面临着财政危机，这时巴拉德帮助伍兹霍尔海洋学中心找到了能够租借这些潜水器的赞助商。

其中最著名的是，巴拉德使阿尔文号成功参与了法美中大洋海底研究工程，作为美国海军和伍兹霍尔海洋学中心的研究潜艇，阿尔文号和另外两艘法国航行器：深海潜水器"阿基米德"号和小型碟形潜艇"西安纳"号，一起完成了 1973—1974 年间的大西洋中脊的探险。巴拉德自己也参与了这次考察。他随"阿基米德"和阿尔文号一起下潜，并协助阿尔文号的母舰——"璐路"号上的船员完成工作。经过多次潜水，巴拉德和其他参与这次工程的科学家完成了观测报告，这份报告坚定了地球科学家接受对板块构造理论的信念。

意料之外的绿洲

在罗伯特·巴拉德参与的所有探险中，最重要的一次海洋学探险却对生物学产生了影响，讽刺的是，巴拉德本人对这个领域一点都不感兴趣。那次探险延续了法美中大洋海底研究工程的做法,继续对中洋脊上的峡谷进行勘查,考察地点是厄瓜多尔附近加拉帕戈斯群岛外的加拉帕戈斯峡谷。而正是在厄瓜多尔,当地的鸟类和动物使查尔斯·达尔文大受启发,进而提出了著名的自然选择进化论。这次探险的目的是找到中洋脊上火山活动的第一手材料,另外,有研究者曾报告,这个区域中有温度极高的深海水,所以这次探险的科学家也计划找出其源头。由于巴拉德在深海图像技术方面的专业知识,他担任了这次探险的首席技术专家。

为了寻找他们所认为的产生离奇高温的热泉,1977年2月,阿尔文号进行了潜水。当下潜到水下8000英尺(2440米)的峡谷时,潜艇上的人员:杰克·克里斯(Jack Corliss)、俄勒冈州立大学的提杰尔德·范安德尔(Tjeerd Van Andel)和驾驶员杰克·唐纳利(Jack Donnelly)感到周围的水温突然上升。几乎就在同时,他们发现自己已经身处在奇异生物的包围之中,到处是紫色的海葵、像粉色蒲公英一样的球体、短尾小龙虾、白色的螃蟹以及巨大的蛤蜊和贻贝。

像这样的深海绿洲之前从未被报道过。尽管并没有生物学家随行,但潜艇上的科学家明白,当他们看到这些奇异生物时,一个伟大的生物学发现就已经完成。巴拉德在自传《探险》(Exploration)中写道,麻省理工学院地质学家约翰·埃德蒙(John Edmond)这样总结科学家们的感受:"这就像和哥伦布一起航行一样。"

科学家们轮流进行了一次又一次的潜水,并在有热水流出的海底裂缝周围发现了多个动物种群。这些热液口即后来所谓的裂隙,从中流出的海水是如此之热,看起来就像炎炎夏日柏油路上的空气一样,闪闪发光。除了螃蟹、贻贝这些在第一个热液口已经发现的生物体外,科学家们在其他的热液口还观测到了一种巨大的蠕虫,这种蠕虫有白色的管状嘴,嘴中伸出几条柔软的、血红色的触角,这些触角高达8英尺(2.4米)。

起初,没有人知道如此多的生物怎样获得足够的食物来维生。生物学家只知道,所有的深海生物都直接或间接地依赖卷入深海的植物或浅层浮游动物的残骸。但要让这些有机"雪状物"维持热液口生物群的生命,似乎不太可能。

不过,科学家们很快就找到了解开这个生存之谜的线索——他们把在阿尔文号潜水中所捕获的生物体带回了海上,这些动物发出了极大的臭味，像鸡蛋腐烂的味道。经过检测发现，其中存在着氢化硫气体。而热液口流出的海水也有同样的臭味，证明这些海水中同样含有大量的氢化硫和其他氢化物。

对大多数生物体来说，氢化物是有毒的，但生物学家知道，有几种细菌却可以将这些氢化物分解掉，但这些细菌通常是在沼泽中发现的。1979 年，为了研究热液口生物，科学家们专门进行了一次潜水，之后，生物学家对这次潜水及之前阿尔文号潜水所收集的热液口物种进行了检测和分析，结果表明，在热液口附近存在着大量的"食硫"微生物。科学家因此断定，正如绿色植物和植物-微生物利用太阳能制造食物，并维持大陆和浅水中的生态系统一样，这些微生物为热液口的所有生命群落提供了食物。一些热液口动物以微生物为食，同时它们也成为另一些热液口动物的食物，而某些热液口动物，比如管虫，则是把微生物置于自己体内，并从中吸取养分。

在这个具有跨时代意义的发现后数十年，研究者在世界各地的深海热液口和冷液口，都发现了类似的奇异生物群落。在 2000 年 6 月出版的《美国科学家》（American Scientist）中，有一篇文章将热液口生态系统的发现称作"近 200 年间海洋生物学最伟大的发现"。这些生物也是目前所知唯一不依赖太阳能的地球生物，对它们的研究，使海洋学家对地球生物的本质有了新的认识，也使他们开始重新思考外星球上生物存在的可能性。

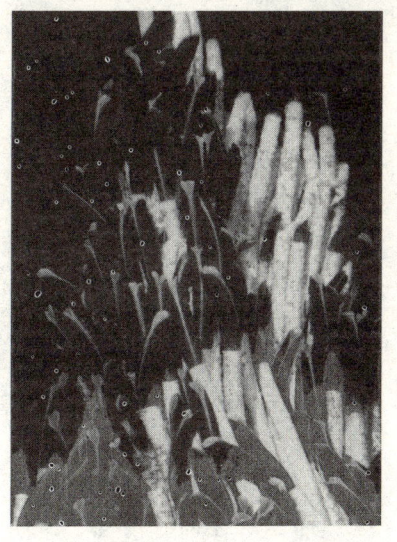

在 20 世纪 70 年代末发现的热液口动物中，这些管虫是最引人注目的，它们由管中伸出的血红色触角高达 8 英尺（2.4 米）。后来的研究发现，管虫身体中寄居着一种可以分解硫化物的微生物，它们就是靠这种微生物来获得营养物质。（范·多弗实验室［Van Dover Laboratory］）

黑烟囱

1979 年，罗伯特·巴拉德参加了一次探险，这次探险直接导致了对热液口和热液生物群的又一个重大发现。在下加利福尼亚（Baja California）（从墨西哥低处延伸出来的一个半岛)附近的太平洋中,他和其他科学家一起发现了很多像火山一样的烟囱,有些高达30英尺(9.2米)。但这些烟囱的顶部开口并没有熔岩喷出,相反,由于包含了大量的硫化物和其他可溶解性矿物,这些烟囱喷出的水黑乎乎的,看起来就像烟一样。经过研究者测算,水温有时会达

亲历者说:　　　　一个陌生的世界

维多利亚·A.卡哈尔的《水之子》是关于阿尔文号的历史著作,根据此书描写,当杰克·克里斯第一次看到热液口生物群时,他感受更多的是迷惑而不是兴奋。他用水下电话向"璐璐"号上正在进行监听的自己的研究生黛博拉·斯提克斯(Debra Stakes)问道:"深海不是应该像沙漠一样吗?"

在回想了自己在学校学过的为数不多的生物学课程后,斯提克斯回答道:"是的。"

"噢,但这里却有这么多的动物。"杰克说道。

在罗伯特·巴拉德的自传——《探险》中,他这样描述自己对这个海底绿洲的第一印象:

突然,在我们的探照灯下出现了一大片橘粉色的蒲公英,它们蓬松的头部和上面细小的花丝网随着阿尔文号的压力波左右摇摆。枕形熔岩堆上布满了厚厚的贝壳,这些贝壳向外凸出,有些足有1英尺长。在一些独立的熔岩堆上,深棕色的贻贝已经形成了亚克隆(Subcolonies)。当我们将表层的一些蛤蜊打开时,让我们惊讶的是,贝壳里面的肉呈现一种营养丰富的肉红色,就像刚刚切下的牛排一样。

其中最奇怪的是管虫。卡哈尔引用了科学家约翰·波特尔斯(John Porteous)写给女朋友的信,"管虫看起来就像尼龙管一样,大约有15英寸(38厘米)长。亮红色的、大约1英尺长的鳃毛从这些管子中伸出"。

从没有人见过这样的生物。所以,杰克·克里斯把生物群分布最密集的热液口之一命名为"伊甸园",就一点都不奇怪了。

到650°F(392℃),这个温度足以将铅熔化。和1977年发现的热液口一样,这些黑烟囱的四周也布满了各种热液口生物,比如螃蟹、管虫等。

巴拉德和其他科学家断定,在热液口喷出的海水(即热泉),落到海底的过程中,当它遇到更冷的海水时,其中所包含的矿物质就会冷却、沉淀,最终形成黑烟囱。这些黑烟囱会因自身重力而倒塌,或者是被地震损坏,而留下的沉淀物中包含了丰富的铜、铁、锌等矿物质,不过只有在地壳运动把它们带回地表后,它们对人类的价值才能真正体现。另一个事件为这种理论提供了有力的证据,在阿拉伯半岛的一个年代久远的铜矿中,研究者发现了管虫化石。

黑烟囱和其他的热液口一样,应该也是地球循环系统的一部分。1979年,约翰·埃德蒙(John Edmond)等人提出,地球上所有海水都是从海底热液口循环而来,此循环周期大约为1000万年。这个循环可以解释,为什么世界各地海水的化学成分如此接近。

从潜艇到机器人

20世纪70年代,罗伯特·巴拉德只提倡像阿尔文号这样的载人潜艇,因为人类借此就可以对深海进行直接的勘测。但到了20世纪80年代,他的观点发生了改变,他声称,在一般情况下,与由人驾驶的潜艇相比,由海上船只控制的自动化设备即遥控潜水器(ROVs)造价更低廉,因此也更适宜大量生产。

和父亲一样,巴拉德对机械非常感兴趣,他自己也设计遥控潜水器。他设计的第一个遥控潜水器非常简单,是一个装有3个照相机的雪橇,名字叫声控海底地质学勘测器(ANGUS)。声控海底地质学勘测器可以在水下持续12—14小时,大约是阿尔文号可持续时间的3倍,母舰通过绳索来拖动它,每次下水它能拍摄1.6万张照片。声控海底地质学勘测器参与了法-美中大洋海底研究工程,它的任务是对大西洋中脊进行搜寻和拍照,以便科学家决定阿尔文的下潜位置。第一张海底热液口和黑烟囱的照片都是由声控海底地质学勘测器拍摄的,正是有了这些照片作为证据,阿尔文号的科学家才决定对这些不寻常的现象进行直接观测。

1981年,在美国海军和国家科学基金的资助下,巴拉德建立了深潜实验室(Deep Submergence Laboratory),隶属于伍兹霍尔海洋学中心机械部。在这里,他设计了更先进的摄像机雪橇——"阿尔戈"号(Argo),

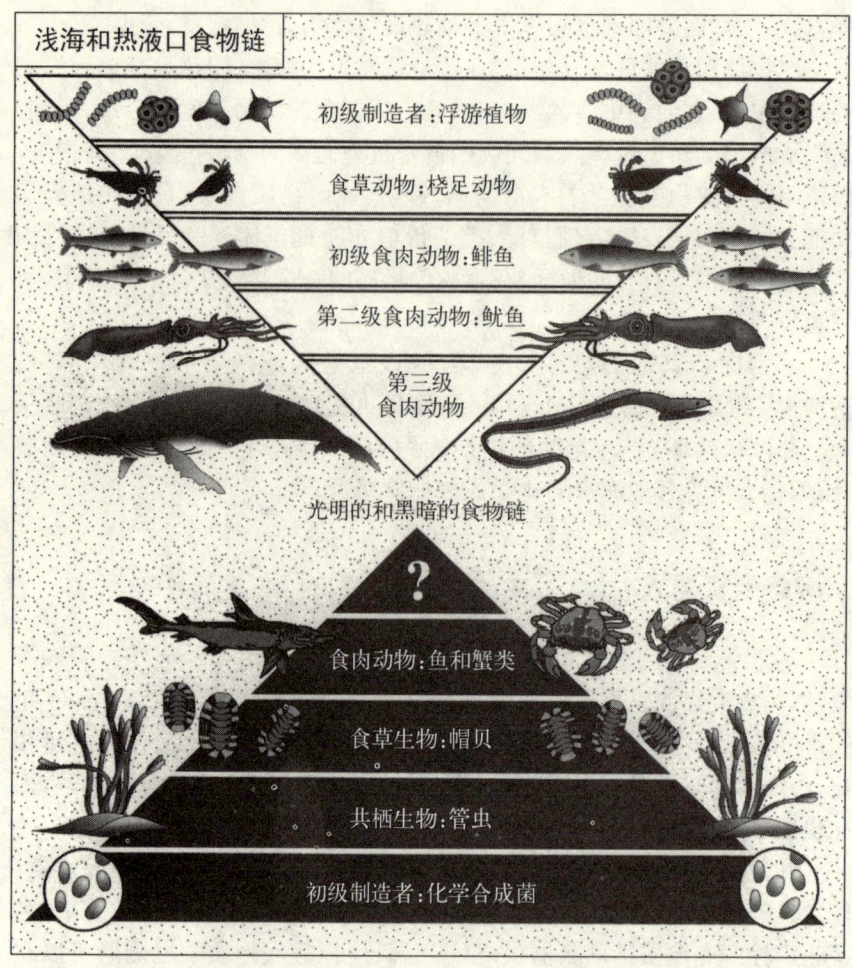

此图将浅海中的生物链与热液口的生物链进行对比。二者的初级制造者都是能够自己制造食物的生物体:浅海中是浮游植物(微小的、漂浮的植物和植物性微生物),热液口是化学合成菌(分解硫化物)。浅水食物链的第二层是食草动物,如桡足动物,它们以浮游植物为食;热液口食物链的第二层是像管虫这样的动物,它们从寄居在自己身体里的化学合成菌中获得食物。浅水中的初级食肉动物以食草动物为食,相反,热液口的食草者则以热液口表面的细菌和其他微小生物为食。在浅海中,初级食肉动物是第二级食肉动物的食物,第二级食肉动物又被第三级食肉动物吃掉。在热液口,小型动物以细菌为食,它们自身又被鱼和蟹类吃掉。

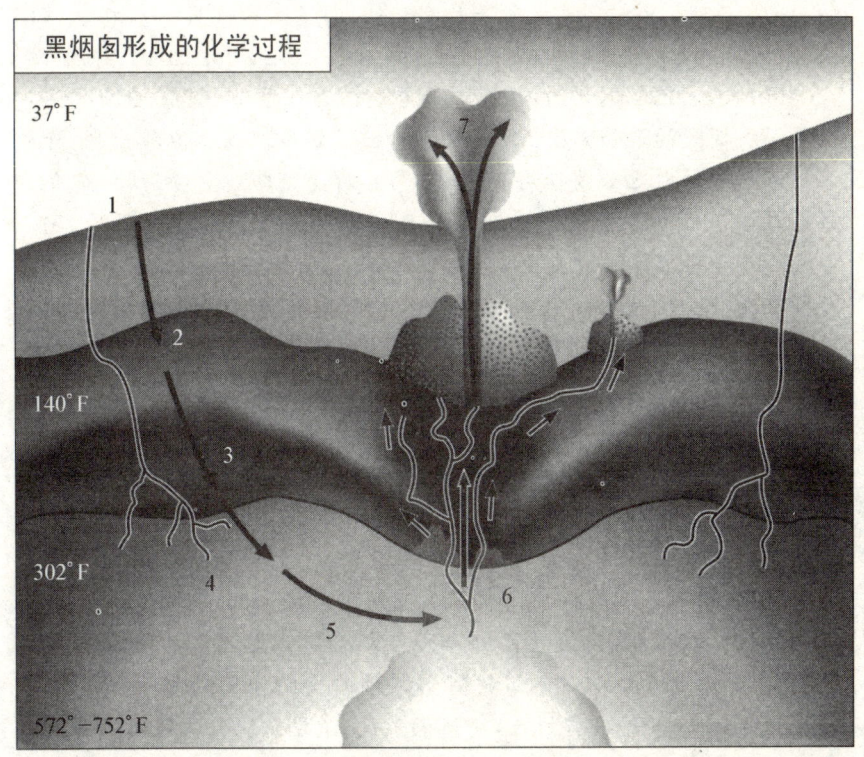

这幅图展示的是黑烟囱形成的化学过程。在海水渗入地壳后(1)一些元素从海水中分离：首先是氧气和钾。(2)然后是钙、硫酸盐和镁。(3)海水继续下渗，当到达又热又低的岩流层时，海水开始升温，地壳中的钠、钾和钙被溶解进海水中。(4)当海水遇到熔岩时，它的温度继续上升，这时锌、铜和硫磺就会被溶解到水中。(5)然后海水开始上升，并再次回到地壳表面。(6)最终从海底热液口喷出，由于含有大量的可溶解性矿物质，这时的海水就呈现出黑色。(7)在喷出热液口以后，这些极热的海水遇到了冰冷的海水，它们所包含的矿物质（尤其是硫化物）就会冷却成固态，这些矿物质不断堆积，就形成了黑烟囱。

雪橇上捆绑一个更小型的机器人——"杰森"，这个机器人有一个摄像头和一个机械臂。这些名字都源自一个古老的希腊神话：一个叫杰森的探险家，乘坐一艘叫阿尔戈号的船来寻找金羊毛。"阿尔戈"号上的3架摄像机都具有极高的灵敏度，在几乎完全黑暗的环境下也可以拍摄影像。这些影像不间断地被传回到海面上，通过母舰上的监视器就可以实时掌握水下的状况。如果摄像机发现了一些有趣的东西，科学家就可以派遣"杰森"下潜，进行更近距离的观测。

> **争论焦点：　　　　出席还是"远程呈现"**
>
> 　　罗伯特·巴拉德认为，像阿尔文号这样的人控潜水器（HOVs）并不是深海探险的最佳工具，为此他还列出了诸多理由。他指出，由于人控潜水器的电池必须在海上更换，而且需要频繁地更换，所以它们每次在水下只能停留几个小时。而且它们的移动速度相对很慢，阿尔文号每小时只能移动2英里（3.2千米）。因此，它们不能有效地大范围勘测。它们也不能涉入可能对它们的乘客造成危险的地方，比如狭窄的峡谷。据维多利亚·卡哈尔记载，1979年巴拉德曾对《科德角时报》（Cape Cod Times）的一个记者说，"人控潜艇必然消亡"。而另一方面，像"杰森"这样的机器人可以达到巴拉德所谓"远程呈现"的效果，他这样定义这个词，"能够将你的精神、你的眼睛和你的思想投射到海底，能够超越你的身体"。
>
> 　　尽管载人潜水器有如此多的不利因素，但巴拉德还是乘阿尔文号下潜了，因为只有这样才能亲眼目睹远洋油轮RMS"泰坦尼克"号和其他沉船的残骸，而这些是他职业生涯后期的主要研究对象。其他的科学家，比如，第一个驾驶阿尔文号的女科学家辛迪·凡多弗（Cindy Van Dover）也曾说过，对他们来说，亲眼看到深海是他们研究经历中必不可少的一部分。在凡多弗的论文集《章鱼的花园》（Octopus's Garden）中，她写道："用自己的双眼亲眼看到海床，这是一种不可描述的优势。我的一个同事曾经指出，如果让一个人选择是看巴黎的录像还是亲临巴黎，他肯定会选择后者。"这样看来，人控潜水器和遥控潜水器很可能会继续在深海开发中发挥重要作用，而且二者也常常合作。

寻找"泰坦尼克"

　　当罗伯特·巴拉德决心为遥控潜水器的有效性寻找更具说服力的证据时，他的心里明白自己真正想做的事其实是，寻找和勘测20世纪最有名的失事船只——RMS"泰坦尼克"号。这艘奢华的远洋邮轮被认为是"不沉之船"，但在它的第一次航行中，它就驶入了北大西洋的冰山之中，并在1912年4月14日—15日的夜间沉没。由于船上的救生艇备用不足，"泰坦尼克"号2200名乘客中，有1500多人丧生，其中很多都是美国和英国的上流社会人士。"泰坦尼克"号沉没时所在的大体位置是知道的——在加拿大纽芬兰岛东南方350英尺（563米）的大西洋中，但那里的海水非常深，"泰坦尼克"号的残骸也从未被找到过。从20世纪70年代初开始，巴拉德就一直期望能够有机会寻找这艘失事船。

1985年8月，巴拉德乘坐研究船"科诺尔"号（Knorr）开始了"泰坦尼克"号搜寻之旅，声控海底地质学勘测器和"阿尔戈"号也被带到了船上。在那里，他与事先约好的一组法国科学家进行了会面，他们从6月开始就已经到达了这个地点。为了测试新型的高分辨率船用声呐定位仪，经过巴拉德和法国科学家的商议，他们对一个150平方英里（239平方千米）的区域进行了系统的扫描。然后巴拉德和船员们（还包括早前调到"科诺尔"号上的3位法国科学家）用"阿尔戈"号对这个区域继续进行图像研究。

9月1日凌晨，船上的厨师把小睡中的巴拉德叫醒，让他查看屏幕，屏幕中显示的是"阿尔戈"号摄像机上的信息。巴拉德在睡衣外套了一件连身衣就慌忙跑向了控制中心。因为有充分的事前准备，他对"泰坦尼克"号的每个细节都非常熟悉，因此，他立刻就认出了屏幕上显示的东西是"泰坦尼克"号的一个汽锅，它静静地躺在1.25万英尺（3813米）深的海底上。

巴拉德从来不羞于向公众宣扬自己的发现，因此，当他还身处海上的时候，他就给媒体报告这个消息。于是，他的发现成为全世界的头条新闻。在他回到伍兹霍尔以后，他告诉等待已久的众多记者，"泰坦尼克"沉没时已经一分为二了。他所发现的汽锅只是船体前面1/3的一部分，它以45°角一头扎在海底的沉积物之中。在它1英里之外发现了船体的后面部分，即船尾，但二者却是背对着背静置的。他补充道，除了四散的碎片之外，中间部分的残骸都不存在了。巴拉德又说，在他第一次看到那个汽锅以后的8天中，"阿尔戈"号和声控海底地质学勘测器上的照相机和摄影机拍摄了2万多张失事船的照片，其中有许多手工艺品，如瓷碟、酒瓶、银盘，但最让人动容的是空空如也的救生艇起降机。

恶劣的天气使巴拉德在那一年都难以到达"泰坦尼克"号的失事地点，1986年7月，他乘"阿尔文"号回到了残骸的所在位置，这次他又带了一个新的设备——"小杰森"（Jason Jr.），他将它比作一个"会游泳的眼球"。为了观察这个已经腐烂的邮轮的内部情形，巴拉德指挥"小杰森"落在了"泰坦尼克"号巨大的楼梯之上,结果他发现,船体表面都悬挂着针形的铁锈,似乎就是山洞里的钟乳石一样。这次潜水的整个过程都被记录了下来,这段影像很快变得非常有名(楼梯本身,以及船上的其他木制部分,都保存了很长时间,直到被蛀木生物损坏)。这个小机器人拍摄了更多的手工艺品照片,这些东西都是船上的乘客遗留下来的,比如一只男人的鞋子、一个洋娃娃的头。到此时为止,对"泰坦尼克"号的发现和勘测是巴拉德所有成就中最为人所知的。

水下考古学家

在"泰坦尼克"号发现之后,水下考古学成为罗伯特·巴拉德的挚爱。之前的考古学家只能研究深度不超过 200 英尺(61 米)的海域中的沉船,但巴拉德计划,利用他和其他科学家发明的新技术,将研究范围扩大到深海中的失事船只。在无数次的采访中,他都反复说道:"把全世界的博物馆合并起来,也不及深海中保存的历史丰富。"

巴拉德还发现和勘测了好几艘失事船只,其知名度和"泰坦尼克"号不相上下。它们包括:在第二次世界大战中沉没的德国战舰"俾斯麦"号(Bismarck),1989 年 6 月,巴拉德在东大西洋 3 英里(4.8 千米)深的水下发现了它的残骸;1915 年被德国潜艇击沉的豪华邮轮 RMS"路西塔尼亚"号(Lusitania)(此次事件直接导致了美国加入第一次世界大战),1933 年,他勘测到了这艘失事船;第二次世界大战期间在太平洋被日本击沉的航空母舰 USS"约克镇"号(Yorktown),1998 年 5 月,他发现了失事的航母。1997 年,他在地中海勘测到了 8 艘罗马时期的失事船,之后不久,在以色列附近的地中海,他又发现了两艘年代更久远的失事船,它们大概有 2700 年的历史,属于腓尼基人。这些是迄今在深海中发现的最古老的船只。

巴拉德还曾调查过黑海。黑海是一个内海,四周由俄罗斯、乌克兰、摩尔多瓦、罗马尼亚、保加利亚和土耳其所包围。黑海之所以引起巴拉德的兴趣,是因为黑海深处没有可溶解的氧气,而大多数海水都有这种成分。没有了氧气,腐蚀木船的蛀木生物就难以存活,所以,巴拉德认为黑海中的沉船会保存得格外好。在这个海域中,他定位了 4 艘拥有 1500 年历史的沉船,2004 年,他利用最新的遥控潜水器"赫拉克勒斯"号(Hercules)对部分沉船进行了勘测。"赫拉克勒斯"号也是第一个远程控

> **争论焦点：　　　　应该怎样处理"泰坦尼克"号**
>
> 从发现"泰坦尼克"号后第一次对媒体的谈话开始，罗伯特·巴拉德就一直坚持认为，除了必要的拍照以外，人们不应该"打扰"这艘邮轮的残骸。同时，他极力主张将这个遗址作为水下博物馆来保存，以便纪念在这次海难中失去的生命。
>
> 然而，巴拉德的提议并没有实现的现实基础。"泰坦尼克"号残骸位于国际水域，因此没有哪个国家有权决定怎么做。1987年7月，一个法国组织打捞并贩卖了船上的手工艺品。这种行为不仅遭到了巴拉德的强烈谴责，其他对水下考古学感兴趣的科学家也纷纷提出抗议。为了反击这种行为，巴拉德提出，可以允许游客乘坐深海潜水器到海底观看沉船，这个提议遭到了沉船打捞公司的反对。2002年，就在法院裁决这个提议生效后不久，巴拉德向自由作家米歇尔·拉里贝提(Michelle Laliberte)讲道："我对这个游览的想法有强烈的信心，它是一个完美的方法，可以很好地监督打捞者的行为。"
>
> 1999年，在讲述了自己的诸多水下考古的冒险经历之后，巴拉德向《新闻》(News)的作者埃利·利尔(Eli Lehrer)道出了自己的体悟：
>
>> 这些研究的理念就是复述历史——择选人类历史上的一个非常非常重要的时刻，然后走近它并发现它的物理碎片，从而使人们可以关注并思考它。我们进行调查，寻找事件发生的原因，并允许观众分享这种经历。希望通过我们的努力，……能够把历史带回人间……我将致力于建造深海博物馆。

制的深海古代沉船挖掘器。巴拉德也试图寻找证据证明：黑海曾经是个淡水湖，但7000年前的一场大洪水使地中海海水注入，从而形成了现在的黑海。诺亚方舟的故事灵感可能也来自于这场洪水。

后来，巴拉德晋升为伍兹霍尔海洋学中心海洋开发部的负责人，并成为应用物理学和工程学的资深科学家，不过1997年他却离开了伍兹霍尔。1999年，他成立了自己的研究机构——探测所(IFE)，隶属于康涅狄格州米斯蒂克市(Mystic)的米斯蒂克水族馆。探测所的探险由巴拉德和其他人员发起，他们利用载人潜水器和包含了机器人和图像系统的潜水器进行探险，从而将深海考古学的范围扩展到深海领域。

探险家和教育家

罗伯特·巴拉德不仅把自己视作一个探险家和科学家，而且他还以一个教育家的标准要求自己。他创作了大量的文章和书籍，四处进行演讲并参加专门的电视节目，这样做的目的不仅是向公众传播自己对海洋的热爱，同时也向人们提出预警，日益增长的人口数量将会对海洋及其生态系统造成危害。巴拉德向公众进行科学普及的尝试非常成功，1987 年《发现》杂志刊登了弗雷德里克·古登（Frederic Golden）写巴拉德的一篇文章，文章中写道，巴拉德的一位同事把他称作"长鳃的卡尔·萨根"（Carl Sagan）（萨根是一位宇航员，20 世纪 80 年代，他制作了一部极受欢迎的电视系列纪录片——《宇宙》(Cosmos)）。

巴拉德尤其关注青少年的发展，他希望他们能对海洋和科学感兴趣，就像曾经年少的自己一样。在他完成"泰坦尼克"号发现之后，他收到了上千封孩子们的信，这使他深受鼓舞。1989 年，他设立了"杰森"项目，世界各国的学生都可以参加，利用他发明的无线电通讯设备，就可以使成百上千的孩子看到科学家海洋学探险的即时影像。之后，他将这个项目扩展为"杰森教育基金"，以鼓励孩子们对科学和技术的兴趣。

就像威廉·贝比和雅克·库斯托的遭遇一样，声誉日隆也为巴拉德招致了众多的批评。有些批评者指责他将名誉据为己有，而这些是许多科学家共同参与完成的。例如，参加"泰坦尼克"号打捞前期部分的法国研究者就抱怨，巴拉德几乎很少向媒体提及他们的贡献。

然而，也有很多科学家对巴拉德的科学工作及他的精神和热忱表示了敬意。他获得了无数的荣誉和奖励，包括海军研究部海洋学主席团委员（1985 年）、美国科学发展协会威斯丁豪斯奖（Westinghouse Award）（1990 年）、国家地质学协会哈伯德奖章（Hubbard Medal）（1996 年）、Sigma Xi 科学研究协会公共财富奖（Common Wealth Award）（2000 年）、国家人文学科基金会国家人文学奖章（National Humanities Medal）（2003 年）。1986 年，《发现》将巴拉德选为本杂志年度科学家，从 2000 年开始，他就成为国家地质学协会的常驻探险家。

2001 年，乔治·W. 布什（George W. Bush）任命巴拉德等 16 人组成海洋政策委员会，这个组织负责推荐海洋资源管理、保护和使用的改进方式,对海洋相关设备和技术进行评估,以及向计划进行海洋作业的同类机构、各个州和当地政府提供建议。2002年,巴拉德成为罗得岛大学海洋学研究院海洋考古学学院的院长,并在2003年成为加州大学圣巴巴拉地质学系的名誉副教授。

皮特·德琼(Peter de Jonge)在2004年5月的《国家地理》上发表了一篇文章,关于巴拉德某次探险,他写道:"此时(巴拉德)很有远见,他已经在畅想下次或下下次探险。"2000年,巴拉德对米歇尔·拉利伯特说,他希望航海史每隔100年至少能找到一条沉船,这样就可以再现人类航海史的全景。如果说这样的想法并不新鲜,几乎每个人都可以提出类似的方案,但罗伯特·巴拉德绝对是那个亲自实践的人。

生平年表

1942年	6月30日,罗伯特·巴拉德在堪萨斯州威奇托出生
1959年	巴拉德参加了斯克利普斯海洋学中心的夏令营
1965年	巴拉德获得加州大学圣巴巴拉分校的化学和地质学学士学位
1965—1967年	巴拉德在夏威夷大学和南加州大学攻读研究生
1967—1970年	巴拉德担任海军研究办公室和伍兹霍尔海洋学中心的联络员
1969年	巴拉德乘中船"本·富兰克林"号参加了为期一个月的湾流之旅
1970年	巴拉德在伍兹霍尔海洋学中心担任海洋工程方面的研究助理
1971年	巴拉德乘阿尔文号进行了第一次潜水
1973—1974年	巴拉德参加了法-美中大洋海底研究工程
1974年	巴拉德在罗得岛大学获得海洋地质学和地球物理学博士学位

1977 年	2 月，在加拉帕戈斯群岛附近的海底中，研究者在热液口周围发现了奇怪的生物群，巴拉德是这次探险的首席技术专家
1979 年	巴拉德参与了发现"黑烟囱"的探险，"黑烟囱"是一种出口或裂口，它喷出的黑烟实际上是富含矿物质的热水 对加拉帕戈斯附近的热液口进行了第二次探险，结果发现，热液口生态系统的基础是一种食硫磺细菌
1981 年	巴拉德在伍兹霍尔海洋学中心建立了深海潜艇实验室，并设计了遥控深海潜艇"阿尔戈"号和"杰森"号
1985 年	6 月，法国科研组利用新型的声呐定位仪搜寻 RMS"泰坦尼克"号 8 月，巴拉德与法国科研组在研究船"科诺尔"号上汇合 9 月 1 日，阿尔戈号的水下摄影机发现了"泰坦尼克"号的汽锅
1986 年	7 月，巴拉德再次来到了"泰坦尼克"号的残骸地点，并用潜艇上的系留机器人"小杰森"拍摄了船体内部的照片 《发现》将巴拉德评选为本杂志的年度科学家
1989 年	巴拉德在大西洋海底发现了德国战舰"俾斯麦"号的残骸 巴拉德设立了"杰森"项目
1993 年	巴拉德对凯尔特海中的"路西塔尼亚"残骸进行了勘测
1996 年	巴拉德获得国家地质学协会颁发的哈伯德奖章
1997 年	巴拉德勘测了地中海中的 8 艘古代德国沉船 巴拉德从伍兹霍尔海洋学中心辞职

1998 年	5 月，巴拉德在太平洋中找到了 USS"约克镇"号的残骸
1999 年	巴拉德在康涅狄格州米斯蒂克市建立了研究所
2000 年	巴拉德成为国家地质学协会的常驻探险家 巴拉德获得 Sigma Xi 科学研究协会颁发的公共财富奖
2001 年	乔治·W. 布什任命巴拉德为海洋政策委员会的成员
2002 年	巴拉德成为罗得岛大学海洋考古学学院的院长
2003 年	巴拉德成为加州大学圣巴巴拉分校的地质学副教授 巴拉德获得国家人类学基金会颁发的奖章
2004 年	利用遥控深海潜水器"赫拉克勒斯"号，巴拉德对黑海中拥有 1500 年历史的沉船进行了勘测

扩展阅读

图书

罗伯特·D. 巴拉德，与威尔·海维里合著，《无尽的黑暗：深海探险的个人史》(The Eternal Darkness: A Personal History of Deep-Sea Exploration)，新泽西，普林斯顿：普林斯顿大学出版社，2000 年。描述了 20 世纪早期的深海探险，包括了威廉·贝比和雅克·皮卡尔德等人的经历，但以巴拉德自己的职业生涯为主要对象，其中涉及了热液口生物群、"泰坦尼克"号残骸以及其他沉船的发现。

罗伯特·D. 巴拉德，《勘测：水下冒险的一生》(Explorations: A Life of Underwater Adventure)，纽约：Hyperion 出版社，1995 年。巴拉德的自传，提供了他在冒险中的许多细节，其中也披露了他为筹措资金所做的努力，以及他和其他科学家、政府官员之间的意见不一。

理查德·埃利斯(Richard Ellis)，《深深的大西洋》(Deep Atlantic)，纽约：Alfred A. Knopf 出版社，1996 年。对巴拉德在大西洋海底勘测中的角色进行了描述。

维多利亚·卡哈尔，《水之子：阿尔文号的故事》，纽约：牛津大学出版社，1990 年。关于巴拉德和伍兹霍尔海洋学中心的潜艇——阿尔文号之间合作的详细资料。

罗伯特·孔齐格，《绘制深海：海洋科学的非凡故事》，纽约：W. W. 诺顿出版社，2000

年。包含了热液口生物和黑烟囱发现的相关资料。

辛迪·凡多弗,《章鱼的花园》,纽约:伯休斯出版社(Perseus Books),1996年。1997年发行了平装本,并易名为《深海旅行》(Deep-Ocean Journeys)。描写凡多弗作为阿尔文号驾驶员的训练和经历,其中也包括了热液口附近奇异生物的发现和研究。

文章

罗伯特·D.巴拉德,《海洋的狂欢》,刊载于《大众科学》(Popular Science)246期(1995年5月),第9—10页。巴拉德回忆了20世纪60年代的海洋探险热潮,并设想了海洋的未来。

罗伯特·D.巴拉德,《潜入大峡谷》,刊载于《国家地理》148期(1975年5月),第604—615页。1974年,作为法美中大洋海底研究工程的一部分,巴拉德乘坐阿尔文号多次潜入了大西洋中脊的峡谷中,这篇文章是对这些潜水经历的记录。

《巴拉德获得公共财富奖》,刊载于《美国科学家》(American Scientist)88期(2000年7月),第375页。对巴拉德获得Sigma Xi科学研究协会颁发的公共财富奖进行了报道,同时对巴拉德的成就进行了简要的描述。

皮特·德琼,《鲍伯·巴拉德》,刊载于《国家地理》206期(2004年5月),第116—129页。记录了巴拉德近期所进行的探险,即研究中东和黑海中的古代沉船。包括了对巴拉德为人和性格的评价。

奥托·弗立德里奇(Otto Friedrich)和纳塔利·安吉尔(Natalie Angier),《73年后,泰坦尼克号重现:科学家利用神奇水下工具,最终定位了这艘伟大的船只》。刊载于《时代》126期(1985年9月16日),第68—70页。描述了巴拉德发现"泰坦尼克号"的过程,这艘豪华远洋邮轮在1912年与冰山相撞而沉没。

弗雷德里克·古登,《亲眼目睹泰坦尼克的男人》,刊载于《发现》8期(1987年1月),第51—62页。关于巴拉德及其工作的一篇长且详细的文章,此时距巴拉德获得此杂志评选的1986年年度科学家不久。

米歇尔·拉利伯特,《泰坦尼克的发现者罗伯特·巴拉德:将海洋考古学引入新的深度》,刊载于《冒险》(Odyssey)9期(2000年2月),第28页。总结了巴拉德在海洋考古学领域的成就。

艾利·雷尔(Eli Lehrer),《深海探险使历史重生》,刊载于《新闻透视》(Insight on the News)15期(1999年5月3日),第21页。对巴拉德的采访,问题集中于他对深海考古学的兴趣和把著名的沉船建成水下博物馆的设想。

杰奎琳·S.米切尔(Jacqueline S. Mitchell),《沸水上的生命》,刊载于《美国尖端科学》(Scientific American Frontiers),在线查询:http://www.pbs.org/saf/1207/features/113.html。2005年6月7日访问。伍兹霍尔海洋学中心生物学家卡尔·O.威尔森(Carl O. Wirsen)的采访稿,他论述了热液口的重要性及其生态系

统,尤其强调了在那里生存的可以分解硫化物的微生物。

《罗伯特·巴拉德》,刊载于《世界百科全书生物学增刊》第 19 卷,密歇根州法明顿希尔斯:盖尔出版集团,1999 年。对巴拉德职业和成就的详细描述。

9 水与火

——约翰·德莱尼和海底火山

在陆地上,火山的爆发通常意味着灾难的到来。当火热的熔岩漫过火山边的时候,人们四散逃命,农田和房屋则会永远消失。然而,在海底,火山是一种生的契机,而不是毁灭。地幔中的熔岩从火山口喷涌而出,然后凝固,最后成为地壳新的部分。这些喷出的流体中溶解有营养丰富的矿物质,从而催生了大量的微生物,反过来,这些微生物又成为其他生命体的食物来源。事实上,一些科学家认为,地球生命就起源于海底火山口。

如要研究海底火山如何创造新地壳以及如何孕育生命,研究者必须亲临火山爆发的现场(或在爆发后不久勘测)。不过,火山喷发的时间和地点很难确定,而要指挥研究者和研究船立刻到达喷发地点则难上加难。华盛顿大学地质学家约翰·德莱尼(John Delaney)是海底火山研究的专家,他希望,通过建立一种水下联络网,最终揭开这些令人畏惧的自然力量的神秘面纱。

与爆炸的不解之缘

约翰·R.德莱尼出生在一系列可怕的爆炸之后,但这次爆炸不是自然引起的,而完全是人为原因造成的。1941年12月8日,他在夏威夷珍珠港出生,就在前一天,日本飞机偷袭了美国珍珠港海军基地,这次事件促使美国对日宣战,从而正式卷入了第二次世界大战。此时,德莱尼一家都在珍珠港,因为他的父亲是一个海军机械师。

德莱尼成长于北卡罗来纳的夏洛特市(Charlotte),因此年少的他更喜欢运动而不是科学。高中时的棒球表现也为他带来了利哈伊大学的奖学金,这个大学位于宾夕法尼亚州伯利恒市(Bethlehem)。就在那里,他深深喜欢上了地质学,并于1964年取得这个专业的学士学位。毕业后德莱尼在一家矿业公司做勘测员,以便为日后的学业赚取费用,之后他分别在弗吉尼亚大学和亚利桑那大学攻读硕士和博士学位。

在博士研究生期间,他到厄瓜多尔附近的加拉帕戈斯群岛进行了研究调查,这次旅行使他的研究兴趣发生了改变。他在那里的活火山附近生活和工作了6个月,之后他决定将火山研究作为自己的主攻方向。1977年,他博士毕业,论文是关于海底火山形成的玄武岩及其中所包含的气体。同年,他以海洋地质学家的身份进入位于西雅图的华盛顿大学。在这里,他开始了职业生涯。现在,他是华盛顿大学海洋学院海洋地质学和地球物理学专业的教授。

1980年,德莱尼乘阿尔文号潜入了大西洋中脊,这次经历使他坚定了亲自调查海底火山的决心。2004年,他对《科学》杂志的记者大卫·马拉科夫(David Malakoff)这样说道:"它改变了我的人生。我意识到我不要做一个实验室学者。"在对这次旅行获得的海底岩石进行研究后,他发现,这些矿物上图式与他早前在陆地上发现的一些矿物图式非常相似。于是他坚信,对海底活火山系统的更多研究,将会有利于揭示矿物形成和沉积的方式。

从那时起,德莱尼乘阿尔文号对海底火山进行了多次勘测,其中值得一提的是胡安·德富卡板块(Juan de Fuca Plate),它是一个小构造板块(8万平方英里,20.72万平方千米),位于北美海岸东北部大约200英里(322千米)处,距离德莱尼西雅图的办公室只有一天的航程。地震和火山的不断发生使这个板块开裂,因此这里包含

约翰·德莱尼,华盛顿大学海底火山研究专家,他对火山喷发后立即滋生于海底的细菌进行了研究,同时仔细分析了黑烟囱。现在,他正致力于建立永久的水下观测和联络系统,有了这个系统,一旦发生火山和其他深海活动,科学家就可以在最短时间内获得相关信息。(华盛顿大学)

了海底扩张和潜没两种地质学特征。

20世纪80年代，德莱尼辅助组织了"国际跨学科山脉实验"（RIDGE）计划，这是一次对中洋脊的多学科研究，由美国国家科学基金会赞助。这次计划的目的是，对中洋脊沿线的、由地球内部上升到地壳的移动块和能量进行物理学、化学和生物学的研究。与以往对这些进程结果的简单绘制不同，这个计划要求在进程发生时即时进行勘测。"国际跨学科山脉试验"观测地点中最吸引德莱尼的是胡安·德富卡板块的其中一段，即恩德沃（Endeavor）。

令人兴奋的火山爆发

虽然约翰·德莱尼并不是一个生物学家，但他对罗伯特·巴拉德等人在1977年发现的热液口生物群非常感兴趣。科学家后来发现，生活在热液口的动物都直接或间接地依赖一种细菌，这种细菌能够将过热水中溶解的硫化物转化为营养物质。研究者还曾报道，在刚刚喷发的海底火山附近，有大团大团的这种微生物从上面飘过，就像纷扬的雪花一样。

1991年4月，阿尔文号上的科学家在墨西哥海岸不远的东太平洋隆起中，发现了刚刚喷出的枕状熔岩，里面还混合着管虫和其他热液口动物烧焦的尸体。听到这个消息后，德莱尼非常兴奋。但研究者在这个地点只收集到了很少的数据，因为海水中充斥着大团白色的微生物，它们就像从海底伸出的巨大翅膀一样。科学家们断定，就在几天前这里刚刚发生了火山爆发。

1993年6月26日，太平洋海洋环境实验室（位于加利福尼亚纽波特比奇[Newport Beach]）的克里斯多夫·福克斯（Christopher Fox）和其他科学家，利用声音侦测系统（SOSUS）记录下了一系列地震沿胡安·德富卡山脊向北移动30余英里（48千米）的过程。声音侦测系统是一种水下测声系统，冷战期间一直用于侦测敌军潜艇的活动，海军部不久前才将之公诸于世。这个消息让德莱尼更加兴奋，因为他知道，此类地震预示着将会有海底火山爆发。

要说服海洋学家放弃研究机会或改变既定的研究行程是异常艰难的，不过德莱尼得知，福克斯已经成功劝说正在地震点附近工作的两组科学家，要求他们绕道而行并调查可能爆发的火山。这些研究者发现，在系列地震停止的地方，有大量的热水柱涌上海面。遥控雪橇上的摄像机显示,这里有一条至少4英里(6.4千米)长的火山裂缝。在裂缝的一端,新生的枕状熔岩堆周围布满了亮黄色的微生物,而就在附近,海底裂缝中喷涌出大量的微生物"雪片",这个情景正如科学家在1991年所发现的一样。

古微生物

听说了这些探险经历后,德莱尼期待能亲自看到这些新生的喷发地点。1993年10月,他和华盛顿大学的两位同事获得了乘阿尔文号潜入这些地点的机会。和此前的科学家一样,在新生的熔岩附近,德莱尼的研究团队也发现了大块的疑似细菌的团状物。他们捕获了一些这种浮游生物,在带回海面后,母舰上的微生物学家将它们置于培养皿中培育,并第一次对它们进行了成功鉴定。

到1994年,来自华盛顿大学的约翰·巴洛斯(John Baross)等科学家已经证明,这种热液口微生物根本不是细菌,或者更确切地说,它属于更为古老的生物纲,即所谓的古菌(Archaea,意为"古老的"),早在1977年,伊利诺伊大学的生物学家卡尔·伍斯(Carl Woese)就对古菌进行了第一次描述。古菌是地球上最古老和最原始的生物种群。从起源上来看,古菌和普通细菌的差异要比植物和动物之间的差异更大,当然这要把像人这样的多细胞生物排除在外。和这些水下微生物一样,已知的许多古菌种类生活环境都极其恶劣,比如,极热(温度高达235℉,即113℃,比水在海平面的沸腾温度还要高)、没有氧气、富含氢化硫和其他硫化物,这种环境对其他生物是致命的,但这些古菌却可以茁壮成长。

在1998年《奥西纳斯》秋冬刊的一篇文章中,德莱尼把这次发现,即古菌从海底喷发的物质中滋生并向中心扩散,称作"国际跨学科山脉试验的主要成果之一"。他声称,从1993年开始,在许多火山地点都发现了相同的微生物。不过,包括德莱尼在内的科学家都难以确定,到底是火山爆发促使了营养物质的流动,从而导致这些微生物快速繁殖,还是通过喷发,使这些微生物从海底巨大的潜流中"逃生"。

德莱尼和很多科学家相信,地球上的第一个生命体很可能是像深海古菌这样的生物。研究者认为,在地球形成早期,海底裂口和火山附近很可能就有生命存在,因为一般认为,那时的火山活动比今天要频繁得多。同时,地球表面也不断受到闪电、彗星和流星雨的袭击,这些自然现象使

> **相关链接：** **冰冷月球上的温热海洋**
>
> 约翰·德莱尼认为，木星的卫星之一——木卫二，其冰盖之下的海洋中可能存在着科学家们之前所发现的热液口微生物，其他存在火山活动和液态水的巨大星球也可能存在这种微生物。在《奥西纳斯》(Oceanus)1998年秋冬刊的一篇文章中，德莱尼进一步解释道，太空探测器发现的证据表明，木卫二内核是坚硬的岩石，外面环绕着大约60英里(100千米)厚的水，这些水很可能以液态形式存在，最外层要薄一些，是冰冻的软泥和冰盖。德莱尼说道，木星和其他卫星所产生的引力使木卫二获得了足够的推压，从而通过摩擦产生了热能，而且还可能由此产生火山活动。他指出，1979年，太空探测器"旅行者"(Voyager)，拍摄了木星的另一个卫星——木卫一上活火山的照片。
>
> 德莱尼说道，早在20世纪80年代初，太空科学家斯蒂芬·W.史圭尔(Stephen W. Squyres)和雷·T.雷诺兹(Ray T. Reynolds)最早提出，如果木卫二像地球的深海一样，也含有液态水和足以支持火山活动的热量，那么，它也会有类似的微生物，这些微生物以这些能量为营养来源。德莱尼相信史圭尔和雷诺兹是正确的，他也极力主张对木卫二进行更深入的勘测，以便获取关于其地质条件的更多信息。从1977—1980年间，德莱尼在月球与行星研究所(Lunar and Planetary Institute)和约翰逊太空中心(Johnson Space Center)担任访问科学家，同时，他在美国国家航天航空局委员会任职，计划向木卫二等木星卫星发送探测器。

年轻的地球伤痕累累，身处深海中的微生物则可以免受这些伤害。20世纪80年代初，雅克·柯利斯(Jack Corliss)、萨拉·霍夫曼(Sarah Hoffman)和约翰·巴洛斯首先提出了这个观点，他们后来都在俄勒冈州立大学任教。

黑烟囱露出水面

作为一个海洋地质学家，约翰·德莱尼对罗伯特·巴拉德和其他阿尔文号科学家在1979年发现的黑烟囱非常感兴趣。当富含矿物质的热水从海底喷出，并与冰冷的海水接触时，其中的硫化物就会沉淀，从而形成了这些黑烟囱。1984 年,德莱尼乘阿尔文号第一次看见了黑烟囱,在为大众传播公司《新星》(Nova)节目进行的一次采访中,他将这次潜水过程描述为"绝对让人畏惧"。1991 年,在胡安·德富卡山脊上,他发现了世界上已知的最大的黑烟囱,有 15 层楼那么高。他按日本电影中著名的怪物名字,将它命名为"哥斯拉"(Godzilla)(哥斯拉最终因自己的体重而崩溃,许多大型黑烟囱最终的命运也是如此)。

德莱尼将阿尔文号潜水中获得的部分黑烟囱带回到实验室,并对它们进行了分析,但如果想对黑烟囱的结构有更多的了解,仅靠这些碎片是远远不够的。而且,他想探明,如果将黑烟囱移走,生活在周围的动物将会受到怎样的影响。因此,在 1998 年 6—7 月,他与美国自然历史博物馆的埃德蒙·A. 马兹(Edmond A. Mathez)领导了一次探险(由美国航空航天局资助),将胡安·德富卡山脊所在海底的几个黑烟囱完全提升到了海面。美国自然历史博物馆之所以同意协作,其条件是将其中的一个黑烟囱放置在它新建的地球行星展馆。这次探险也被纳入纪录片《新星》,这个节目于 1999 年 3 月 30 日首播。

德莱尼和马兹先用牵引机器人"杰森"拍摄了将要作业区域的照片。"杰森"收集了上万张数字照片和大量的声呐数据,它的异频雷达收发机也获得了具体的位置信息,计算机将这些数据进行综合,最终形成了迄今为止最详细的海底地图。然后科学家使用了一种叫遥控海洋学平台(ROPOS)的机器人,用它带有的水下链锯将 4 个高 10 英尺(3 米)、重达 1.5 万磅(1.0215 万千克)的黑烟囱从海底上分离了出来。这些黑烟囱既笨重又易碎,所以,机器人先用一种金属网的笼子将它们固定,其中当然也包括了寄生在它们中的管虫、微生物和其他生物体,这些笼子上都系有 8000 英尺(2440 米)长的绳子,与一个强有

当黑烟囱口喷出的热水遇到冰冷的深海水时,其中溶解的矿物质就会变成固体颗粒,所以这些热水就会呈现黑色。(美国国家海洋大气管理局商业部)

力的绞盘相连,通过绞动绞盘,它们就被一起提到了海面上。

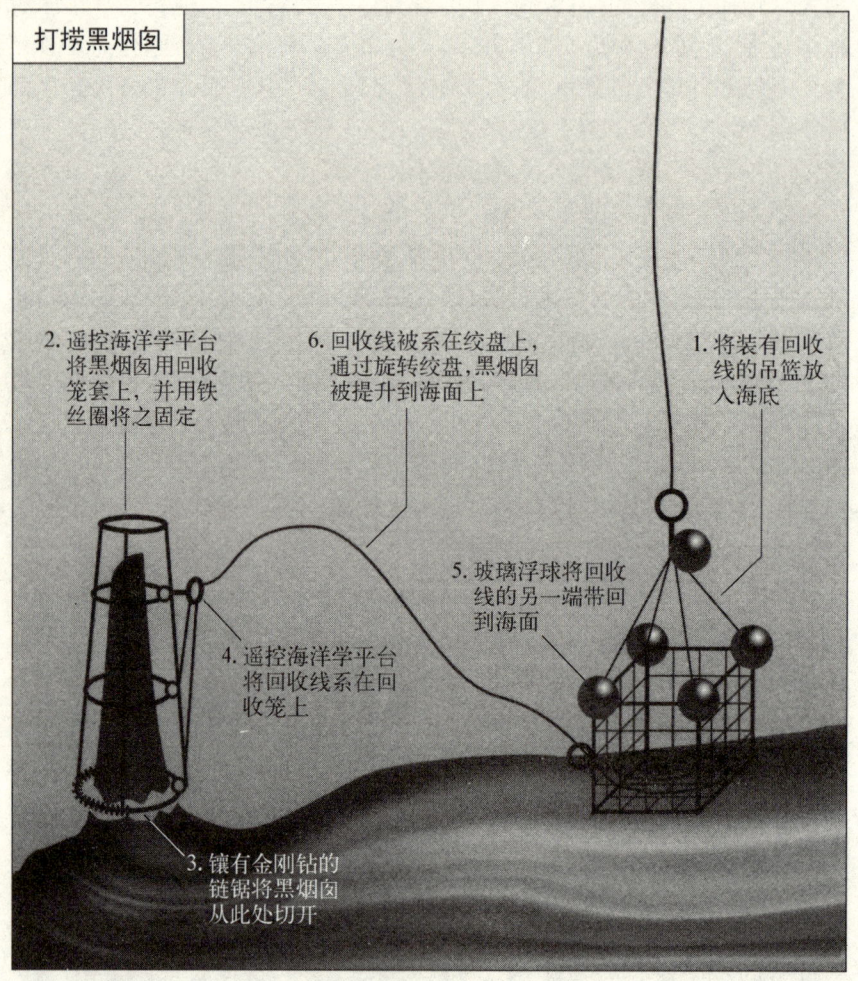

图中显示的是约翰·德莱尼在遥控机器人——遥控海洋学平台的帮助下,将黑烟囱从海底分离的步骤。

在探险结束后,德莱尼说,"严格地说,我们得到了我们想要的所有东西"。研究小组的另一位成员,约翰·巴洛斯对此完全同意。他对《新星》的记者说,"从这些黑烟囱中,我们获得了有史以来最多最好的、也是最易分析的样本。对我来说,这次探险的感觉极好,如果打个比方的话,这种感觉就像登上火星,并在上面钻了10 000米深的洞来寻找水源和生命"。

东北太平洋时间序列水下网络试验

2000年前后,约翰·德莱尼开始了最新的工程,虽然他的毅力和领导力在其他科学家中非常有名,但这个工程对他还是一个很大的挑战。这个工程被称作东北太平洋时间序列水下网络实验(North-East Pacific Time-Series Undersea Networked Experiments, NEPTUNE),它将是一个水下能源和通信网,覆盖着胡安·德富卡板块的15万平方英里(38.85万平方千米)的区域。完成这个工程需使用1863英里(3000千米)光缆,以便将海底30—50个结点连接起来,这些结点中包含有上千个仪器,它们能够稳定地提供信息流,这些信息流涉及深海的物理学、化学和生物学等方面的特性。光缆在为这些仪器提供电能的同时,也将结点中的信息传送给海上的科学家。

东北太平洋时间序列水下网络试验预计会持续30年,在此期间,它需要对海底进行不间断的观测,在《奥西纳斯》2000年春夏刊的一篇文章中,德莱尼和艾伦·D.萨夫(Alan D. Chave)将此次试验比作"伸向内部空间的一架光纤望远镜"。现在,深海探测主要是依靠机器人或者是像阿尔文号这样的潜艇,这种研究只能在有限的时间内研究海底的一小部分,与此不同,在东北太平洋时间序列水下网络试验系统下,研究者可以对一个大的区域进行长时间不间断的观测。当海底火山爆发或其他短暂性深海活动发生时,研究者可以通过这个网络,将带有摄像机等设备的遥控潜艇送到事件发生地点。最终,在东北太平洋时间序列水下网络试验系统下,学生、普通人以及科学家通过网络就可以聆听德莱尼所谓的"地球的心跳声",在这方面,它与罗伯特·巴拉德的"杰森"工程倒是有几分相似。德莱尼希望以此为契机,提高大家对海洋研究的兴趣,同时加强公众海洋环境保护的意识。

在《奥西纳斯》的那篇文章中,德莱尼和萨夫解释道,东北太平洋时间序列水下网络试验"将检验我们对海底塑造、地震和火山发生、矿物和石油形成、沉积物转移、洋流循环、气候变化、鱼类数量变化、在海底极端恶劣环境生命维持之间复杂的相互作用的理解"。它也为我们提供了一个检验新设备的场所,这些设备可以是深海潜艇或勘测恶劣环境的自动化设备,也可以是可能用来探测其他星球的设备。

建造东北太平洋时间序列水下网络试验系统将耗资2亿美元。从

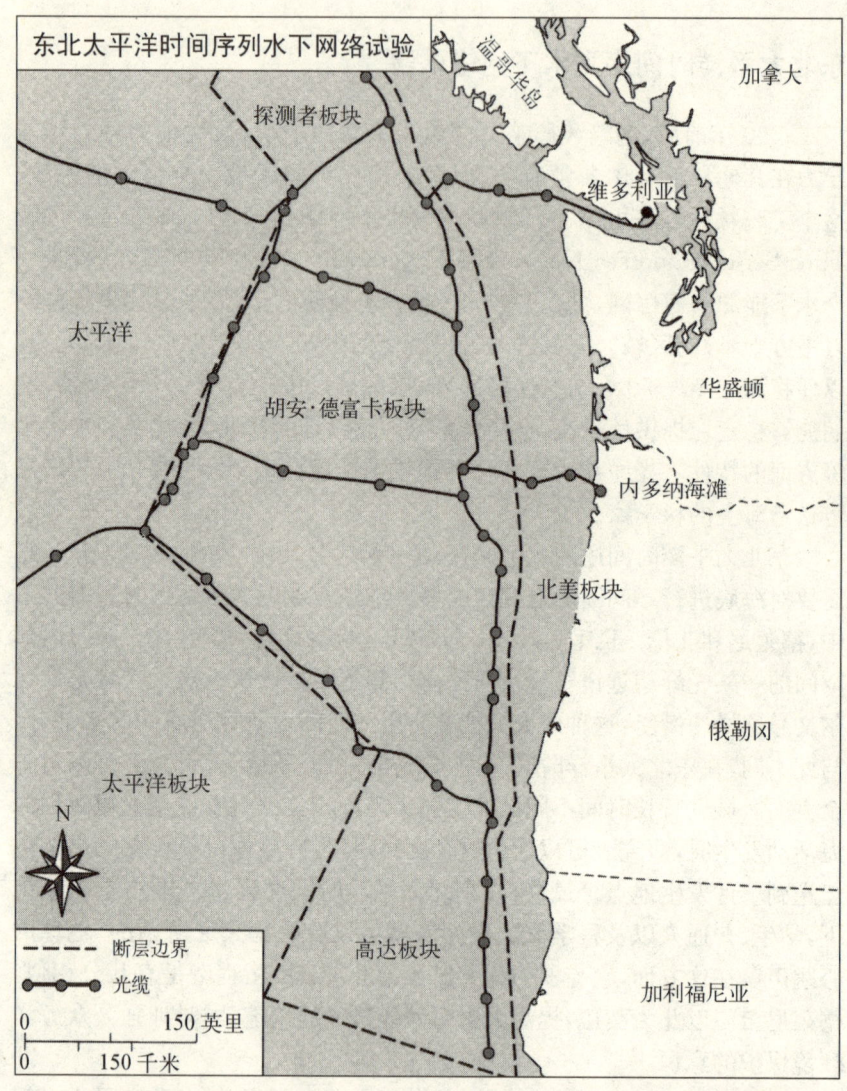

东北太平洋时间序列水下网络试验,是约翰·德莱尼等人设计的水下观测和通信网络。它需使用1863英里(3000千米)的光缆,以便将分布在胡安·德富卡板块上的30—50个结点连接起来(胡安·德富卡板块位于美国东北岸和加拿大西南岸之间,是一个很小的构造板块)。每个节点所包含的仪器能够记录海洋物理、化学和生物学方面的变化,并将这些信息实时传送给陆上的科学家。

2005年末开始,美国政府停止资助这个项目,不过加拿大却一直提供赞助,并继续实施这个项目中的加拿大部分。现在,东北太平洋时间序列水下网络试验系统科研小组正在建造两个示范工程,一个(即维纳斯)在加拿大不列颠哥伦比亚省的温哥华岛附近,一个(即战神)在加利福尼亚的蒙特雷海湾(Monterey)附近。前者在2006年2月投入使用。尽管他们可能不得不缩小水下网络的范围,但德莱尼和项目组的其他科学家都希望能获得美国国家科学基金会的资助,以便在2007年开始建造完整的水下网络。如果这个工程能如期进行,它将在2012年完工。

有科学家担心东北太平洋时间序列水下网络试验会面临无法解决的技术难题,或者是占用本来就不充足的资金,这些资金对其他有价值的实验可能更重要。作为这个试验的项目负责人及执行小组的主席,德莱尼尽一切努力使大家相信这个试验的价值。共事的科学家说,德莱尼的坚持不懈使这个试验离实现更近了一步。2004年,南佛罗里达大学的生物海洋学家肯德拉·戴利(Kendra Daly)对大卫·马拉科夫(David Malakoff)这样说:"在大多数人都已经放弃或离开以后,他还一直积极工作、四处奔走。"

激情和智慧的火花

约翰·德莱尼因他的火山研究而获得了很多荣誉。1991年,华盛顿大学给他颁发了杰出研究奖。德莱尼以极具感染力的演讲而闻名,1980年,他从华盛顿大学获得了教学奖。1995年,他入选美国地球物理联盟。

相关发明: 　　**亨利·斯托梅尔的水下网络**

约翰·德莱尼并不是第一个尝试建立水下海洋观测网的人。在20世纪50年代初,伍兹霍尔海洋学中心的科学家亨利·斯托梅尔(他也是世界海洋水循环主要模式的制作者)设计了一个系统,和德莱尼的东北太平洋时间序列水下网络试验一样,这个系统的预期功能也是提供稳定而长期的海洋数据流。

斯托梅尔网络的核心没有东北太平洋时间序列水下网络试验的工程复杂,它被称作水电站,位于百慕大东南方12.4英里(20千米)处9840英尺(3000米)深的水下。与东北太平洋时间序列水下网络试验的结点一样,水电站也包括了很多仪器,可以测量从海面到海底各个深度海水的盐度（即盐分和矿物含量）、温度和氧气含量。同样地，斯托梅尔的网络也包含有光缆，它们不仅提供电能，而且保证了深海仪器和海面工作人员之间的通信联系。除水电站外，斯托梅尔的网络还包括一组漂流浮标，它们上面装有无线电发射机，可以跟踪水流运动。

斯托梅尔的学生、麻省理工学院物理海洋学家卡尔·文施对大卫·马拉科夫说，技术难题和资金困难很快就使斯托梅尔的梦想破灭。天气很糟糕，接线板开始漏电并最终坏掉，斯托梅尔既没有资金也没有工作人员，观测工作无法继续下去。结果斯托梅尔刚建造几年的网络大部分都被迫放弃了。不过，2004年时水电站还在继续运行，它也因此成为世界上为数不多的长期记录海洋变化数据的仪器。斯托梅尔网络的经历不仅警示了东北太平洋时间序列水下网络试验可能遇到的问题，而且也提供了希望——在某些条件下，约翰·德莱尼这个宏伟的计划还是可能会成功。

2004年，伍兹霍尔海洋学中心的地球化学家玛格利特·蒂维（Margaret Tivey）向大卫·马拉科夫说道，"约翰是一个梦想家，一个活动家……他拒绝局限性"。麻省理工学院物理海洋学家卡尔·文施对马拉科夫说，他并不完全同意德莱尼的思想，但却仍然敬佩他，"约翰可能不是世界上最伟大的海洋地质学家，但他却拥有激情和智慧的火花，而这是我们（科学家）作为一个群体有时所缺乏的"。

生平年表

1941年	2月8日，约翰·R.德莱尼在夏威夷珍珠港出生
1964年	德莱尼获得利哈伊大学地质学学士学位
20世纪70年代	初期，在一次加拉帕戈斯群岛研究之行后，德莱尼开始对火山产生兴趣
1977年	德莱尼从亚利桑那大学博士毕业 德莱尼在位于西雅图的华盛顿大学任教

	科学家在深海热液口附近发现了新的生态系统 卡尔·伍斯对一种非常古老的微生物种群进行了鉴定,并将之命名为古菌
1977—1980 年	德莱尼在月球与行星研究所和约翰逊太空中心担任访问学者
1979 年	科学家发现第一个黑烟囱 "旅行者"1 号拍摄了木星的卫星之一——木卫一上火山爆发的照片
1980 年	在一次阿尔文号潜水之后,德莱尼意识到,比起实验室自己更喜欢田野作业 德莱尼获得华盛顿大学的教学奖
20 世纪 80 年代	早期,杰克·科里斯、萨拉·霍夫曼和约翰·巴洛斯提出,地球生命可能起源于海底热液口周围 早期,科学家推测,在木卫二有些薄的冰盖之下,温暖的海水中可能有微生物存在,这些微生物与地球上热液口周围发现的微生物很可能一样
1984 年	德莱尼乘阿尔文号第一次看到了黑烟囱
1991 年	科学家在东太平洋海岭发现了刚刚喷发的海底火山,在喷发地点周围的水中充满了像雪一样大团大团的微生物 德莱尼发现了世界上已知的最大的黑烟囱 德莱尼获得华盛顿大学杰出研究奖
1993 年	6 月 26 日,克里斯托夫·福克斯在胡安·德富卡山脊附近侦测地震活动,有情况显示,途中会发生火山爆发 在地震刚刚结束的海底,科学家们发现了新生的熔岩,以及大量涌现的微生物 10 月,德莱尼和同伴乘阿尔文号潜入了这个地点,并收集了微生物

1994 年	经过鉴定,1993 年火山喷发时形成的微生物属于古菌,它是地球上最古老的生物种群
1998 年	6 月到 7 月,德莱尼和埃德蒙·A. 马兹领导了一次探险,成功将 4 座黑烟囱提升到了海面
2000 年	东北太平洋时间序列水下网络试验进入筹备阶段
2006 年	2 月,维纳斯的第一个设备投入使用,它也是东北太平洋时间序列水下网络试验的组成部分

扩展阅读

书籍

威廉·J. 布拉德(William J. Broad),《世界之下:发掘深海的秘密》,纽约:西蒙 & 舒斯特公司,1997 年。其中一章描述了 1993 年约翰·德莱尼乘"亚特兰蒂斯 II"号和阿尔文号的探险,这次探险研究了深海火山周围的微生物。

文章

约翰·J. 德莱尼,《太阳系中海底及其他地方的生命》,刊载于《奥西纳斯》41 期(1998 秋冬刊),第 10—13 页。对活火山周围生活在海底上或海底下的微生物群进行了论析,并讨论了其他星球,如木卫二,出现此类生物的可能性。

约翰·J. 德莱尼和艾伦·D. 萨夫,《东北太平洋时间序列水下网络试验:伸向内部空间的一架光纤望远镜》,刊载于《奥西纳斯》42 期(2000 年春夏刊),第 10 页。描述了东北太平洋时间序列水下网络试验,这个工程预期会在北美东海岸的胡安·德富卡板块上,埋入一个由传感器和光缆组成的网络。

皮特·菲尔利(Peter Fairley),《正在兴起的东北太平洋时间序列水下网络试验》,刊载于美国电器与电子工程师学会杂志,在线查询:http://www.spectrum.ieee.org/nov05/2164。2005 年 11 月访问。约翰·德莱尼东北太平洋时间序列水下网络试验工程的最新报道。

大卫·马拉科夫,《期待聆听地球心脏跳动的海洋地质学家》,刊载于《科学》303 期(2004 年 2 月 6 日),第 751—752 页。简要描述了约翰·德莱尼的生平、水下火山研究以及东北太平洋时间序列水下网络试验。

网站

黑烟囱网站,美国自然历史博物馆探险部,在线查询:http://www.amnh.org/

nationalcenter/expeditons。2005 年 6 月 6 日访问。这个网站记录了 1998 年夏由华盛顿大学的约翰·德莱尼和美国自然历史博物馆的埃德蒙·A.马兹合作领导的探险,这次探险将四座黑烟囱带回了海面。

通向深渊网站,公共广播公司网站,在线查询:http://www.pbs.org/wgbh/nova/abyss。2005 年 5 月 17 日访问。这是公共广播公司波士顿 WGBH 台的网站,有《新星》电视节目的连接,1999 年 3 月 30 日,这个节目对德莱尼 1998 年将"黑烟囱"带回陆上的探险进行了全程报道。这个网站还包括了对德莱尼的采访,关于这次探险的背景信息和它所使用的设备,同时,它还包括:对热液口生物的论述、探险中发生的紧急情况、相关资源(链接和书)以及此计划的手抄记录。

东北太平洋时间序列水下网络试验,在线查询:http://www,neptune.washington.edu。2005 年 8 月 19 日访问。东北太平洋时间序列水下网络试验的官方网站。介绍了这个工程的目的、管理、性质、对科学和教育的作用、费用和历史。

10
凡多弗之光
——辛迪·凡多弗和水下光线

通常情况下，乘阿尔文号探险的科学家，除了被告知一些必要知识外，他们对这艘伍兹霍尔海洋学中心的潜艇知之甚少。他们过多地依赖潜艇驾驶员，首先，驾驶员要将他们送到预期的勘测地点，然后再操纵机械臂和设备来收集所需要的样本，最重要的是，驾驶员还需要将他们安全送回海面。只有一个研究者像潜艇的驾驶者一样，对阿尔文号的螺母和螺栓都了如指掌——因为她本人就是阿尔文号的驾驶员。辛迪·凡多弗（Cindy Van Dover）是海军部任命的阿尔文号驾驶员中唯一的科学家和唯一的女性。

凡多弗的成就远不止这种学者兼潜艇驾驶员的双重身份。凭借职业敏感，她对在深海火山口发现的背部有奇怪花纹的虾进行了深入研究，结果发现，这些看似"盲眼"的虾实际是有眼睛的，更令人感到惊奇的是，在如此深的海底竟然有光线，否则即使有眼睛也毫无用武之地。这个发现后来被命名为"凡多弗之光"，它也再次证明了光合作用可能开始于深海的理论，而通常认为，作为基础的生物化学进程，光合作用必须有阳光才能发生。

"不是上大学的料"

1954年5月16日，辛迪·凡多弗在新泽西州雷德班克（Red Bank）出生，并一直在那里长大，那里离大海只有5英里的距离。她的父亲詹姆斯·K.凡多弗（James K. Van Dover）是一个电子学技师，在政府工作，母亲弗吉尼亚·凡多弗(Virginia Van Dover)则是家庭主妇。凡多弗曾说,她所受的教育以及父母对她的期望和普通孩子一样,没有什么特别之处,但她对自己的将来却有不一样的计划。当她还是一个孩子时,就开始研究大自然,从鸟类到昆虫再到树木,几乎无所不包,而且,她尤其喜欢夏天的海滩。到20世纪60年代末时,还在上中学的她读到了阿尔文号探险的故事,并梦想有一天也能乘阿尔文号潜入深海。但在当时,这种梦想显得毫不实际,在记录她深海科学职业生涯的论文集——《章鱼的花园》中,她写道,当时的她"认为这个梦想的实现比登月还难"。

在2001年的一次采访中(这个采访刊登在美国国家海洋大气管理局的海洋探险网站),凡多弗讲道,高中时她参加了一个夏令营,并在一个海洋生物学实验室工作,之后的1970年她就决心成为一个科学家。她告诉美国国家海洋大气管理局的记者说,她一直没有放弃自己的计划,尽管她高中的辅导员曾说她"不是上大学的料"。她认为,可能正是这个原因,导致"我经常尝试去完成别人认为我不可能完成的工作"。

她在夏令营期间工作过的实验室属于罗格斯大学,在那里遇到的人给她留下了深刻的印象,因此她选择了罗格斯大学来完成自己的大学教育。1977年,她获得罗格斯大学动物学学士学位。之后,她申请了由伍兹霍尔海洋学中心和麻省理工学院联合建立的研究生培养计划,在她看来,这个计划对深海研究来说是完美的。不过,让她失望的是,这个计划拒绝了她的申请。

一次改变人生的旅行

由于不确定如何继续自己的科学生涯,辛迪·凡多弗好几年的时间都在各种各样的机构做技术员,她做过各种工作,从用显微镜研究刚出生的小螃蟹到翻译俄语文章,

辛迪·凡多弗,第一位驾驶阿尔文号潜艇的科学家和女性,她提出,海底火山口会发射一种可视光线,生活在周围的一些细菌和动物可以感知这些光线。(克里斯蒂·K.布尔[Christie K. Buie]、C.里奇[C. Ritchie]图片提供)

每件事她都尽量去尝试。不过,就在她完成第一次海洋探险之后,1982年,她开始重新考虑自己的学术发展。

凡多弗之所以会参加这次探险,是因为她听说了一种新的螃蟹品种,这也是科学家近期在深海热液口发现的众多不平常生物的一种。过去她的工作与螃蟹有关,因此,她希望有机会能够研究这些新生物品种。在一个科学家的帮助下(这个科学家也是这些螃蟹的发现者之一),她获得了一个研究职位,从而可以参加这次研究之旅,她们的目的地是东太平洋海岭的火山口。在这次旅行中,她第一次亲眼见到了阿尔文号,虽然最终她也没能乘这艘潜艇下潜。在 2001 年的一次采访中(刊登在伍兹霍尔海洋学中心的潜水和发现网站),凡多弗说,虽然她之前从未坐过船,但这次旅行对她来说却是"天堂"。

凡多弗在《章鱼的花园》中写道:"当旅行结束时,我知道,我再也无法回到过去的生活中去了。""我受到鞭策:我需要对海底和它的生态圈有更多的了解。"她再次回到了学校,这次她来到了位于洛杉矶的加利福尼亚大学来学习系统的专业科学理论,因为这是她之前所缺乏的。在 1995 年取得生态学硕士学位之后,她再次向伍兹霍尔海洋学中心和麻省理工学院研究生计划提出了申请,这次她的申请终于被接受。

在获得硕士学位的同一年,凡多弗乘阿尔文号完成了她的第一次潜水,并第一次看到了热液口。这个被称为"玫瑰园"的热液口,曾是加拉帕戈斯峡谷中最壮观的地点之一,但当凡多弗看到它时,原来生长在这里的巨大红尾管虫"林"已经被稍不壮观的贝床取而代之了。凡多弗困惑于这种变化的发生,于是,她决定将热液口生态系统作为自己的主要研究课题。

不那么瞎的虾

1986 年,当凡多弗还在攻读博士期间,她完成了关于热液口虾的新发现,从而为她的研究奠定了坚实的基础。就在 1 年前,这种 2 英寸(5 厘米)长的虾在大西洋中脊被发现,由于它们缺少浅水中的同类都拥有的眼柄,所以被命名为"喷口盲虾"(Rimicaris exoculata)。

当从热液口录像带中观看这种活生生的虾时,她注意到,有两条明亮的光线从上面射下,打到这个虾背部的前三分之一段。在收藏的样本中,这些光线已经消失不可见了,但凡多弗还是对条纹应该出现的区域进行了检测,在那里她发现了两个条状身体组织,这些组织与一大条神经相连。神经的存在使她猜测,这个身体组织可能是一个官能器官。尽管按照当时的常识来看,热液口的世界应该是完全黑暗的,但她仍然认为,这个器官可能就是眼睛。后来她对记者-探险家费尔·特鲁普(Phil Trupp)说:"我之所以可以看出它的本质,一方面是因为我有无脊椎动物学的丰富知识,一方面是因为我有很强的好奇心。"

为了寻找证据证明她的这个看起来很奇怪的想法,凡多弗将这种虾的部分样本送到了纽约的锡拉库扎大学,那里有一位研究无脊椎动物眼睛的专家——斯蒂文·张伯伦(Steven Chamberlain)。虽然这些样本保存不善,但当他用显微镜检测时,张伯伦还是在这些器官中发现了一些与眼睛类似的特性。他这样对凡多弗说,"如果你将一只眼睛毁坏,它看起来就是这样的。"

凡多弗之后又把一些虾组织交给了艾迪·肖茨(Ete Szuts),他是伍兹霍尔海洋学中心的感官生理学家。在这些虾的组织中,肖茨发现了一种化合物,它吸收光线的方式与视紫红质几乎完全相同,而视紫红质是大部分动物眼睛中都有的感光色素。虾的器官中没有晶状体,因此,凡多弗知道它不会形成图像,但这种视紫红质类似物的出现表明,这些虾组织可以感知到光的存在。事实上,这个器官中包含了如此多的化学物质,所以,它的感光能力可能要强过普通的眼睛。

在之后的几年中,斯蒂文·张伯伦和他的同事对虾器官进行了更多的研究。1993年,在对更好的样本进行研究后,他们发现,这种虾拥有超大型的感光器,可以调动几乎所有的组织,因此,这些器官可以完美地感知暗光。同时,研究者还在这些器官中发现了神经递质(通过神经传送信息的化学物质),浅水虾只有在它们的眼睛里才有这种物质。张伯伦认为,这些漫布在热液口周围的虾以附近的细菌为食,在捕食时它们利用这些器官进行自我定位,以免走得太远。同时,它们也要避免离热液口顶部太近,因为那里的温度高得吓人。科学家在热液口附近的另一种虾和螃蟹上也发现了类似的器官。

发光的热液口

在确定这些热液口虾拥有感光器官后,辛迪·凡多弗所面临的下一个问题就很明显了:什么光能被它们感知?热液口位于深海之下,阳光根本无法直射,但凡多弗知道一个常识:当一个物体被加热到极高的温度时,它就会放射可视光。例如,在开启的电热器和电炉中,线圈会发出红色的光芒。热液口周围的物理和化学进程也可能会产生微弱的光线。此前从未有热液口光线的报道,但凡多弗认为,这是因为从来没有人去寻找的缘故。她认为,即使这些热液口光线确实存在,它们也太微弱了,完全淹没在阿尔文号明亮的外灯光线中了。

凡多弗得知,华盛顿大学水下火山研究专家约翰·德莱尼将在1988年6月进行一次阿尔文号潜水,目的是检测一种超灵敏的数字摄像机。在她的请求下,当潜艇到达离热液口只有18英寸(46厘米)的距离时,德莱尼命令驾驶员将阿尔文号所有的外灯和内灯都关闭。然后,这个火山专家开始用他新发明的摄像机,对着这个热液口拍摄了10秒钟。不久后,就在潜艇开始回航时,在阿尔文号母舰"亚特兰蒂斯Ⅱ"号上焦急等待的凡多弗收到了德莱尼的简短信息:"热液口发光"。

凡多弗在《章鱼的花园》中写道,当潜艇回来以后,她在"亚特兰蒂斯Ⅱ"号的电脑屏幕上查看摄像机的记录,

> 我本以为会看到一些若隐若现的光点,可能只有把图像放大,它们才能被称之为光线……但事实相反,屏幕上出现了醒目的、明确的光线,而且在硫化物烟囱和喷出的热水之间,有一道界限分明的边界。

之后,在许多热液口周围都发现了类似的"凡多弗之光"。

阿尔文号驾驶员

1989年,就在自己以"盲眼"虾研究获得博士学位后不久,为了追逐另一个梦想,辛迪·凡多弗毅然中断了自己的科学生涯。一般情况下,其他科学家都是每年乘阿尔文号进行1—2次潜水,但凡多弗不满足于这样,她希望自己每天都能探访深海,所以她下决心要成为一个潜艇驾驶员。在"潜水和发现"网站的采访中,她解释道:"我是一个生态学家,而作为一个生态学家,你就会希望身于自己所研究的环境之中。"

要成为阿尔文号的驾驶员需要经过严苛的筛选,在至少9个月的实地培训后,还有一系列严格的面试。从来没有一个科学家、一个女性尝试

过这种挑战，而且，许多凡多弗的同事都认为大家也不应该去做这种事。阿尔文号后援小组的观点也发生了分歧，一些人认为，付钱使用阿尔文号的科学家将被这个科学家-驾驶员所激励，另一些人则担心凡多弗难以兼顾这两种职业（事后有人对菲尔·特鲁普转述"你［凡多弗］无法既做科研又开潜艇"）。阿尔文号驾驶员小组的一些成员也不欢迎一个女性进入这个"男人的世界"。

凡多弗在《章鱼的花园》中写道，由于面临如此多的阻力，为期几个月的驾驶员训练不仅"高强度和极具挑战性"，而且"有时痛苦异常"。有些科学家说，他们不会乘坐她驾驶的潜艇，这使她非常沮丧。有些艇上人员会责备她的任何一个过失，并无形中给她灌输一些错误的信息，希望她制造更严重的错误。然而，无论是这些外部阻力，还是她自己对失败的恐惧，反而使她更坚定了成功的决心。一些年长的驾驶员也鼓励她，同时，她总是愿意干最苦最脏的活，比如搬运潜艇沉重的压舱物，对此，那些批评者也深受感动。1990年，她获得驾驶阿尔文号的资格。

在一年半的潜艇驾驶员工作期间，凡多弗指挥阿尔文号共进行了48次潜水。她在许多采访中都曾说过，在潜水中自己很少感到害怕。她清楚地知道潜艇及艇上乘客可能面临的危险，但她也知道，有许多安全装置和程序可以在大多数情况下保证他们的安全。

凡多弗是如此享受驾驶阿尔文号的过程，她发现自己反而无法对所到之处的环境有更多的了解，于是她决定重新回到学术的道路上。1991年12月，她最后一次以驾驶员的身份进行了潜水。在《章鱼的花园》中她回忆道，接下来的几年中，阿尔文号管理小组曾不止一次地邀请她"再次成为一个驾驶员"，"迄今为止，我都拒绝了，但却一直感到遗憾"。

驾驭光

1993年，在早期研究的基础上，凡多弗开始实施另一个想法，这个想法乍看起来好像和她的虾和热液口光线的理论一样重要。当时的研究认为，所有的热液口微生物都靠分解硫化氢和甲烷（一种碳氢化合物）来维生。不过，当凡多弗发现热液口可以发出光线时，她就在猜想，某些微生物的新陈代谢可能建立在另一种过程之上：光合作用。虽然光合作用早已闻名，但它在深海出现还是有些让人难以理解的。

在光合作用中，植物和一些细菌利用叶绿素或其他色素分子从阳光中获取能量,然后将这些能量运用到制造食物的化学作用中。因此,所有已知的光合作用生物都是从阳光中获取能量的。尽管如此,但凡多弗听说有些细菌可以在像热液口光这样微弱的光线下进行光合作用,因此,她想知道微生物能否将热液口光线转变为能量。1994年,她和伦敦大学古生物学家尤安·尼斯贝特(Euan Nisbet)联合提出,光合作用可能从深海起源,然后才逐渐转移到陆上,变得与阳光相适应。

> **争论焦点: 海洋学旅行中的女性**
>
> 到20世纪70年代为止,无论作为科学家她们多么成功,女性科学家还是很少被允许参加海洋学旅行。据维多利亚·A.卡哈尔《水之子:阿尔文号的故事》记载,这种禁忌可以追溯到一个古老的水手迷信:女性在船上会招来厄运。此外,长久以来,研究旅行团队全部由男性组成已经形成一个传统。从本质来说,出海进行海洋学研究也是充满男子气。他们的工作不但辛苦,而且常常发生危险——需要在摇摆不定的甲板上搬运重型仪器(更不用说TNT了[一种炸药,用于制作海底地震剖面图]);需要操作机器;常常弄得脏兮兮、湿嗒嗒,有时还会被刮伤;要挤在一个狭窄床铺上,晕船带来的痛苦让人意识模糊,甚至没有时间去害怕海上的狂风巨浪。即使那些没有(或者不承认曾有过)这种感受的男人,他们也无法用那些借口来使这种对女性的禁忌合理化,他们的借口或者是女性可能处于危险中(这种危险来自自然或者男性船员),或者是,合理安排住宿和洗浴简直太麻烦了。
>
> 卡哈尔说,在对女性的政策上,伍兹霍尔海洋学中心比其他大多数的研究机构要更开明。例如,在1959年的一次探险中,它任命地球物理学家贝蒂·邦斯(Betty Bunce)为首席科学家,在20世纪60年代,它允许女性参与旅行,条件是必须同时有至少2个女性在船上(对于此项规定,伍兹霍尔给出的理由是,如果一个女性病了,另一个女性可以照顾她)。不过,很长时间以来,乘阿尔文号探险都是男性的特权。20世纪60年代,邦斯和一个女记者乘阿尔文号进行了一次短暂的潜水,但直到1971年以后,女性科学家才被允许进行科研潜水。

20世纪90年代末,凡多弗致力于为自己的理论搜集证据,试图证明

凡多弗之光 147

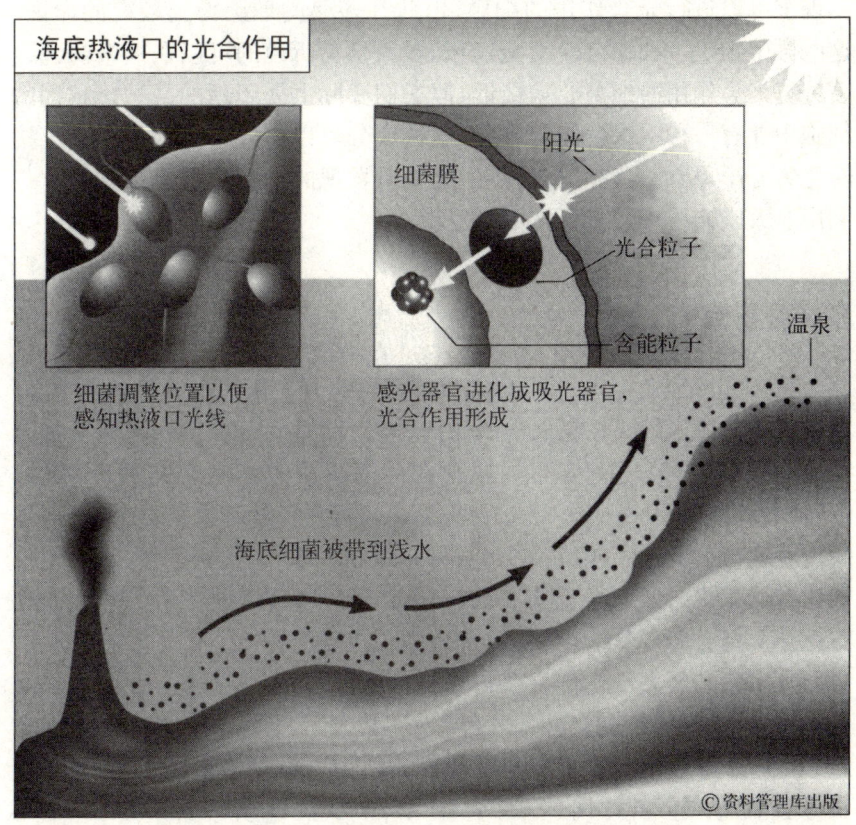

20世纪90年代中期，辛迪·凡多弗和尤安·尼斯贝特提出，光合作用可能起源于深海热液口，之后才转移到浅水中。根据他们的理论，生活在热液口的某些细菌能够感受到来自热液口的柔弱光线，并利用这些信息调整自己在热液口的位置，以便既能获得最佳的食物（热液口喷出的溶解化学物质），又不至于被高温伤害。之后，一些细菌就会浮游而上进入浅水，并在温泉附近重新安营扎寨，因为那里含有和热液口相似的化学物质。就在这些细菌变更居住点前后，它们的感光器官进化成了一种新的器官，从而使这些微生物能够将太阳光转化为身体中的能量，也就能够进行光合作用。

光合作用可以在热液口发生。例如，她和其他科学家共同发现，最原始形态的细菌叶绿素所吸收的光线，其光频与热液口光线的光频吻合。此外，他们指出，热液口周围大量存在的化学物质，如铁、锰和硫磺，它们都是光合作用所必需的成分。

21世纪初，凡多弗和来自亚利桑那州立大学的罗伯特·布兰肯胥(Robert Blankenship)，在东太平洋隆起(East Pacific Rise)的黑烟囱附近发现了可以进行光合作用的细菌，由此凡多弗的理论得到最终的印证。这些微生物是一种绿色硫细菌，与凡多弗早前听说的可以在极微弱光线下进行光合作用的细菌非常接近，但它们实际上属于新的品种。它们的细胞中拥有一种叫绿色体的成分，这种成分可以将光子（光能单位）直接转化为分子，从而启动光合反应。这些新发现的细菌是目前所知的唯一利用非太阳光线进行光合作用的生物。

多样性研究

从 20 世纪 90 年代中期开始，凡多弗就离开了伍兹霍尔海洋学中心。她历任北卡罗来纳州杜克大学的访问学者（1994—1995 年）、阿拉斯加大学的副教授（1995—1998 年），还曾在西海岸国家海底研究中心（West Coast National Undersea Research Center）担任科学部主任。1998 年，她成为威廉与玛丽学院（College of William and Mary）的副教授，此学院位于弗吉尼亚州的威廉斯堡市（Williamsburg）。现在，她在这所学院的马乔里·S. 柯蒂斯（Marjorie S. Curtis）中心担任副教授。

凡多弗的努力工作使她获得了多项荣誉。例如，她被《女士》（Ms.）杂志评为 1988 年年度女性。此外，她还获得了科学界的肯定，1990 年，伍兹霍尔海洋学中心授予她维特勒森奖（Vetlesen Award）。1996 年，她获得美国航空与大气局/人与生物圈方案研究奖（NOAA/MAB Reasearch Award）。2004 年，她被罗格斯大学库克学院校友协会授予乔治·杰出校友奖（George Hamme Distinguished Alumni Award）。在她获得这项奖励时，新闻报道有这样的评论：凡多弗是"世界公认的深海热液口地质学研究的真正先锋"。

> **科学成果：** 水下光学传感器（OPUS）和环境光成像和光谱系统（ALISS）
>
> 如果要确定热液口周围是否会发生光合作用，凡多弗需要搜集关于热液口光线的更多信息。在 1993—1997 年间，借助一种叫水下光学传感器（Optical Properties Underwater Sensor）的设备，她如愿达到了这个目的。此设备由伍兹霍尔海洋学中心的海洋物理学家阿伦·萨夫（Alan Chave）发明，为了更好地侦测光线，它安装有 4 个光

敏二极管。在每个光敏二极管前,萨夫安装的滤光器都不同,这样,传感器在同一时间就可以从4个不同的光频范围对光线进行测量。

尽管水下光学传感器非常有用,但由于它不能拍摄图像,因此也就无法显示热液口的发光部位。为了弥补这个不足,伍兹霍尔海洋学中心在20世纪90年代末又建造了一个仪器,即环境光成像和光谱系统(Ambient Light Imaging and Special System)。与约翰·德莱尼的数字摄像机以及水下光学传感器一样,环境光成像和光谱系统也使用电荷耦合原件(Charge-coupled Devices),这种设备对光的灵敏度远远超过了胶片。环境光成像和光谱系统拥有两组部件,每组都有9个镜头和滤光器,因此,它一次拍摄就能获得18种不同光频的图像。之后,计算机对这些数据进行综合,从而形成合成图像。在1997年的东太平洋海岭探测中,环境光成像和光谱系统投入使用。此外,它也参与了1998年胡安·德富卡山脊的测量。

这两种设备的应用所产生的一系列研究成果,使凡多弗和她的共事者明白,虽然热能是热液口光线的主要能量来源,但却不是唯一的能量来源。他们发现,热液口附近所发生的一些物理过程,例如晶体的形成和崩裂、一些小气泡的破裂等,都会发射出光线。然而,没有人可以肯定,这些就是凡多弗光线形成的全部原因。

在1998年《奥西纳斯》(伍兹霍尔海洋学中心的刊物)秋冬刊的一篇文章中,萨夫和莎瑞·N. 怀特(Sheri N. White)指出,环境光成像和光谱系统还有潜在的用途有待发掘。例如,它可以摄制热液口热柱的能量图,此图可以显示热柱中能量的分布。这些图片可以完全排除热液口化学作用所产生的光线,并能进一步揭示热液口流动以及海水混合的方式。环境光成像和光谱系统所拍摄的图片还可以有别的用途,它可以帮助科学家了解凡多弗所发现的虾和其他热液口生物拥有感光能力的原因,即它们以此能力需要达到的目的。

凡多弗不仅继续着热液口生态学的研究,而且将之不断深化,比如,在2001年所进行的世界上首次印度洋热液口探险中,她担任首席科学家。在探险中,凡多弗和其他科学家发现,印度洋海域的热液口生物大多都和太平洋中的物种有亲缘关系,但在那里生活的小虾却和凡多弗之前研究的大西洋物种相似,而且这些小虾的数量极其庞大。2005年,凡多弗的研究小组首次对太平洋-南极海岭的热液口进行了研究,这也是阿尔文号有史以来航行的最南地点。以这些研究为基础,2000 年,凡多弗完成了《深海热液口环境生态学》(The Ecology of Deep-Sea Hydrothermal Vents)一书。

现在,凡多弗的研究方向是蚌类和生活在蚌床上的微小无脊椎动物,尤其是热液口附近的这类生物。她试图找出热液口的类型与物种类型及其数量之间的关系。在 2001 年接受美国国家海洋大气管理局的采访中,她如是说:"我的实验室专注于物种的分布样式——生物地质学和生物多样性方面——并希望获得物种如此分布的原因。"

在演讲以及一些科普著作中,例如《章鱼的花园》,辛迪·凡多弗努力为深海探险摇旗呐喊,并试图唤起大众对海洋污染的重视。海洋环境极其富饶,但也可能非常脆弱。在她的论文集中,她这样写道:"事实上,与我们对火星和金星的了解相比,我们反而对自己星球的海底地貌所知甚少。"然而,海洋生物群的健康"可能与世界海洋的平衡"密切相关,而且对陆地生物来说,它们的存在也至关重要。

生平年表

1954 年	5 月 16 日,辛迪·凡多弗在新泽西州雷德班克出生
1970 年	作为高中学校夏令营的内容之一,凡多弗在一个海洋实验室工作,并从此立志成为一个科学家
1977 年	凡多弗获得罗格斯大学动物学学士学位
1982 年	凡多弗完成了自己的第一次海洋学探险
1985 年	凡多弗从加州大学洛杉矶分校毕业,并获得生态学硕士学位 凡多弗开始博士学习,这个研究生计划由伍兹霍尔海洋学中心和麻省理工学院共同发起 凡多弗第一次乘阿尔文号进行了潜水,并第一次亲眼看到了深海热液口 在大西洋中脊的热液口附近,科学家发现了一种几乎全盲的虾——喷口盲虾

1986 年	凡多弗取得证据证明,"背部的组织是一种感光器官"
1988 年	6 月,在凡多弗的建议下,约翰·德莱尼在一个热液口附近拍到了光线的照片 凡多弗被《女士》杂志评选为年度女性
1989 年	凭借对热液口虾感光器官的研究,凡多弗获得了博士学位 为了成为阿尔文号的驾驶员,凡多弗开始受训
1990 年	凡多弗通过测试,成为阿尔文号的合格驾驶员
1991 年	12 月,凡多弗作为阿尔文号驾驶员进行了最后一次潜水
1993 年	凡多弗开始对热液口周围的细菌进行研究,并调查其利用热液口光线进行光合作用的可能性 其他研究者发现,一些热液口生物拥有灵敏的感光器官
1993—1997 年	凡多弗和其他科学家利用水下光学传感器(OPUS)对热液口光线进行分析
1994 年	凡多弗和尤安·尼斯贝特提出,光合作用可能起源于深海热液口
1994—1995 年	凡多弗在杜克大学做访问学者
1995—1998 年	凡多弗在位于费尔班克斯的阿拉斯加大学任副教授
1996 年	凡多弗获得美国航空与大气局/人与生物圈方案研究奖
1997—1998 年	凡多弗和其他科学家利用环境光成像和光谱系统(ALISS)研究热液口光线
1998 年	凡多弗调入威廉与玛丽学院
2001 年	在对印度洋热液口进行的首次探险中,凡多弗担任首席科学家

2003—2005 年	凡多弗和罗伯特·布兰肯胥确定,热液口细菌可以进行光合作用
2005 年	凡多弗参与了寻找太平洋-南极海岭热液口的探险

扩展阅读

图书

维多利亚·卡哈尔,《水之子:阿尔文号的故事》,纽约:牛津大学出版社,1990 年。包含辛迪·凡多弗在阿尔文号上的经历,以及阿尔文号所进行的海洋学潜水中所涉及的其他女性。

菲尔·特鲁普(Phil Trupp),《梦想家之海:与著名的海洋探险家一起旅行》(Sea of Dreamers: Travels with Famous Ocean Explorers),科罗拉多州戈尔登(Golden):支柱出版公司(Fulcrum Publishing Co.),1998 年。其中一章描述了作者与凡多弗的会面,书中大量引用了《章鱼的花园》的内容。

辛迪·李·凡多弗(Cincy Lee Van Dover),《深海热液口生态学》(The Ecology of Deep-Sea Hydrothermal Vents),新泽西州普林斯顿:普林斯顿大学出版社,2000 年。热液口生态系统科学的教科书。

辛迪·李·凡多弗,《章鱼的花园》,纽约:伯休斯图书,1996 年。(1997 年发行平装本,书名为《深海旅行》(Deep-Ocean Journeys)。科普著作,内容包括凡多弗作为阿尔文号驾驶员的训练和经历,以及她在研究深海热液口细菌物种时所进行的冒险和发现成果。

文章

《优秀毕业生将在库克学院毕业典礼上受到表彰》,刊载于《罗格斯新闻》新闻稿,2004 年 5 月 20 日。报道了凡多弗获得库克学院(罗格斯大学)校友协会颁发的杰出校友奖,作为相关内容,简要描述了凡多弗的生平梗概。

斯蒂芬·哈特(Stephen Hart),《深渊中的光合作用》,刊载于《天体生物学》(Astrobiology),2003 年 5 月 5 日。对热液口生物可以利用热液口光线进行光合作用的新发现进行了报道。

《辛迪·李·凡多弗博士采访录》,刊载于海洋探险家网站,美国国家海洋大气管理局,在线查询:http://oceanexplorer.noaa.gov/explorations/deepeast01/background/explorers/interview_vandover.html。2005 年 6 月 8 日访问。关于 2001 年探险的采访记录。这次探险地点位于美国东南海岸,此地富含沼气源,而寄生在贝类体内的细菌以沼气为能量来源。

《采访：首席科学家辛迪·凡多弗》，刊载于潜水和探险网站，伍兹霍尔海洋学中心，在线查询：http：//www. divediscover. whoi. edu/expedition4/interviews/vandover. html。2005年6月8日访问。关于凡多弗2001年进行的印度洋探险的采访记录。

罗伯特·孔齐格，《家园与深渊之间》，刊载于《发现者》14期（1993年12月），第66—75页。1991年，凡多弗作为阿尔文号的驾驶员进行了潜水，这篇文章记述了这次潜水。

罗伯特·孔齐格，《潜入深邃的蓝色海洋底部》，刊载于《发现者》22期（2001年12月），第40—47页。描述了2001年在印度洋进行的一次探险，凡多弗担任此次探险的首席科学家，她的科学团队利用"杰森"号机器人在印度洋海底搜寻热液口。

奈拉·莫雷拉（Naila Moreira），《海底细菌：在黑暗中生长，在地热中幸存》，刊载于《科学新闻》（Science News）167期（2005年6月25日），第405页。对光合作用细菌，即凡多弗等科学家在太平洋热液口周围发现的细菌，最新研究进展进行了简要概述。

辛迪·李·凡多弗，《无知的深度》，刊载于《发现者》14期（1993年9月），第37—39页。评述了最近几十年间深海研究中具有重大意义的几次发现，感叹公众面对这个生机勃勃的世界所表现出来的无知和兴趣寥寥。

莎瑞·N. 怀特（Sheri N. White），阿伦·D. 萨夫（Alan D. Chave），《奇景中的环境光成像和光谱系统：拍摄环深海热液口光线》，刊载于《奥西纳斯》41期（1998年秋冬刊），第14—17页。20世纪90年代，为了对凡多弗发现的热液口光线进行拍摄和研究，两种仪器应运而生，即水下光学传感器、环境光成像和光谱系统。这篇文章对这两种仪器进行了具体的介绍。

卡尔·季莫（Carl Zimmer），《海底之光》，刊载于《发现者》17期（1996年11月），第62—73页。记述了凡多弗的一系列发现，包括热液口可以发射光线、一些热液口动物可以感知光线，同时也包括了她的设想，即认为一些细菌可以利用热液口光线进行光合作用。

学科发展年表

1842 年	埃德华·福布斯(Edward Forbes)断言,深海中没有生命存在
19 世纪 50—60 年代	美国企业家赛勒斯·菲尔德(Cyrus Field)等人铺设了第一条横跨大西洋的通信电缆
1859 年	查尔斯·达尔文《物种起源》出版
1871 年	儒勒·凡尔纳的科幻小说《海底 20 000 里》出版
1872—1876 年	查尔斯·怀韦尔·汤姆生领导了"挑战者"号探险,第一次对深海进行了系统的化学、地质学和生物学采样。这次探险不仅发现了主要的海底地质学地貌,而且证明了深海生命的存在
1912 年	阿尔弗雷德·韦格纳提出板块漂移理论,这个理论认为,地球上所有大陆都曾属于一个完整的陆地,但之后它们相互分离,现在也仍然在地壳上缓慢的移动。大多数地质学家都反对这个理论 4 月 14—15 日夜间,在撞上一块冰山后,"不沉"的远洋油轮 RMS"泰坦尼克"号在大西洋沉没,有 1500 多人因此遇难
1934 年	8 月 15 日,威廉·贝比和奥蒂斯·巴顿潜入了 3028 英尺(923 米,大约半英里)的海里,他们乘坐的深海潜水球是一个铁质的带缆压力球,由巴顿设计

1948 年	亨利·斯托梅尔揭开了湾流等涡旋西侧的浅层洋流比东侧洋流范围更窄、流速更快的成因 11 月 3 日，奥古斯特·皮卡尔德对他的深海潜水器进行了第一次测试，这个潜水器是一个压力球，并与一个装有甲烷的巨大漂浮物相连
1953—1954 年	玛丽·萨普指出，大西洋中脊被一个裂谷一分为二，这个观点支持了韦格纳的大陆漂移理论
1955—1957 年	玛丽·萨普、布鲁斯·希森和莫瑞斯·尤因论证了，一个连续的山脊-裂谷系统在地球的大洋中心蜿蜒穿过，他们将它称之为中洋脊
1956—1958 年	阿林·文提议修建小型的、机动性强的深海载人潜艇，为此他四处奔走，寻求支持
1958 年	美国海军购买了性能更先进的潜艇——"的里雅斯特"号，这个潜艇由奥古斯特·皮卡尔德和他的儿子雅克·皮卡尔德共同设计 亨利·斯托梅尔解释了湾流等浅层洋流如何与深海洋流相互作用的问题
1959 年	哈里·赫斯和罗伯特·迪茨分别提出板块扩张理论，他们认为，当熔岩从地幔上升并突破海底的裂缝时，就形成了新的地壳，而旧有的地壳则沉入别的裂缝中，即海沟，由此它们就重新回到了地幔
1960 年	1 月 23 日，"的里雅斯特"号潜入了马里亚纳海沟中 3.5802 万英尺（1.0912 万米，近 7 英里）的水下，这也是海洋中的最低点。此次航行中，雅克·皮卡尔德和海军上尉唐纳德·沃尔什担任副驾驶
20 世纪 60 年代初	亨利·斯托梅尔描述了世界范围内的"传送带"，即温盐循环，它使海水在浅海和深海、温暖和寒冷以及盐度高和盐度低的地点之间不断流动

1963 年	4月10日，美国海军"长尾鲨"号核潜艇突然沉没，这次事件引起了军方的重视，并间接导致了深海技术的提高；8月，"的里雅斯特"号找到了"长尾鲨"号的残骸
1964 年	6月5日，伍兹霍尔海洋学中心的潜艇"阿尔文"号开始投入使用，它是以阿林·文的名字来命名的
1965—1968 年	在岩石、海底地震和其他物质中不断发现磁性条纹，这些证据使大多数地质学家开始接受板块构造理论；这个理论实际上是韦格纳板块漂移理论的衍生，它认为，地壳分成了大量的板块，在地幔对流运动的作用下，这些板块缓慢的移动，有时会发生碰撞，有时也会互相摩擦
1966 年	3—4月间，阿尔文号、"阿鲁明纳"号和自动航行器"水下搜寻器"合作，在西班牙海域中找到了飞机失事中丢失的氢弹
1969 年	乘雅克·皮卡尔德设计的中船"本·富兰克林"号，6名科学家潜入了湾流之下，这次旅行从7月14日一直持续到8月14日
1973—1974 年	在法-美中大洋海底研究工程中，在潜艇阿尔文号和"西安纳"号，以及深海潜水器"阿基米德"号的帮助下，科学家勘测了大西洋中脊的一部分，并获得了海底扩张理论和板块构造理论的直接证据
1977 年	2月，阿尔文号潜入了加拉帕戈斯群岛附近，在此处的深海热水（热液）口附近，科学家发现了大量的奇怪动物 《国家地理》杂志刊登了一幅彩色地形学地图，此图由布鲁斯·希森、玛丽·萨普和艺术家海因里希·伯兰绘制，它显示了在没有海水的情况下，世界海底所呈现的样子

1979 年	科学家在深海中发现了矿物烟囱,即"黑烟囱",从这里喷出的水非常热,而且富含硫磺 在对加拉帕戈斯峡谷中的热液口动物进行详细的研究后,科学家断定,热液口生态系统的基础是一种以硫化物为食的细菌
20 世纪 80 年代	前期,杰克·柯利斯、莎拉·霍夫曼和约翰·巴洛斯提出,地球生命可能起源于深海热液口 前期,太空科学家推测,木星的卫星之一木卫二上可能存在一个温暖的海洋,在它相对薄的冰盖之下,可能生活着与地球热液口附近的微生物相似的生物
1985 年	9 月 1 日,罗伯特·巴拉德利用遥控航行器发现了 RMS"泰坦尼克"号的残骸
1986 年	辛迪·凡多弗指出,某种生活在热液口附近的虾拥有感光器官
1988 年	在辛迪·凡多弗的建议下,约翰·德莱尼在一个热液口附近拍摄了照片,照片显示,热液口附近是有光线存在的
1990 年	辛迪·凡多弗成为第一个驾驶阿尔文号的女性和科学家
1993 年	辛迪·凡多弗推测,某些细菌可能利用热液口光线作为光合作用的能量来源
1994 年	在海底火山喷发之后,深海中出现了大量的微生物,这些微生物疑似来源于海底之下,经过鉴定,它们属于古生菌,即一种极其古老的生物类型
1998 年	6 月和 7 月,约翰·德莱尼和埃德蒙·马兹领导了一次探险,成功将 4 座黑烟囱提升到了海面
2000 年	约翰·德莱尼和其他科学家开始计划东北太平洋时间序列水下网络试验,这是一个永久的水下观测和联系网络

2003—2005 年	凡多弗和罗伯特·布兰肯肾确定,热液口细菌可以进行光合作用
2004 年	伍兹霍尔海洋学中心宣布,阿尔文号很快就将退役,取而代之的是一艘更加先进的潜艇

译者感言

在新学期开始时终于完成了《现代海洋科学》的翻译。翻译的过程中有艰辛、有汗水,有抓耳挠腮的时候,也有怨声不迭的时候,不过还好,这些不快都随着炎热的夏日一并过去了。

虽然翻译的过程有些痛苦,但《现代海洋科学》还是一本既有趣又好看的书,书中讲述的 10 位科学家都是海洋科学研究的佼佼者,从他们的事迹中,不但能够看到对知识的渴求,而且他们的勇敢、智慧和创新的精神都让我们深受鼓舞,所以,我希望能够让更多的人了解他们,也希望读到此书的人都能有所收获。

最后,感谢一直默默支持着我的父母、妹妹和弟弟,在我要懈怠的时候,他们总是不时提醒我要加油;感谢我的室友田田、邝邝和烁烁,她们不但要忍受我无边的抱怨,还要时常充当翻译助理的角色;感谢朋友刘雪婷,她的耐心和热情让我铭记;感谢编辑的细心审稿和定时催稿,没有她的帮助和指导,这本书不会如此顺利地完成。

郭红霞
2007 年 9 月 3 日燕园